U0348914

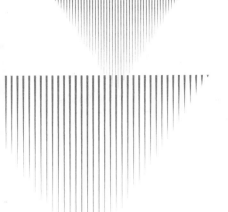

Structural
Report

How to present
your work performance,
product and ability

结构化汇报

如何呈现工作成果、产品与自我能力

黄漫宇　著

机械工业出版社
CHINA MACHINE PRESS

全书聚焦用结构化汇报破解职场中汇报难题这一主题，围绕商务活动中的具体情境和案例，主要介绍结构化汇报的基本要求、特点和方法，分析如何在口头汇报工作、书面汇报工作、向客户汇报产品（方案）、求职与面试、竞聘演讲等具体汇报情境中用好结构化汇报的技巧与工具，在有限时间内精彩展现工作成果和自我能力。原理篇按照 Why-What-How 的框架系统介绍了结构化汇报的底层逻辑。情境篇详细说明了如何将结构化汇报应用于各种汇报情境中。工具篇通过实例介绍了如何借助 GPT 助力职场人士提升汇报效率、改进汇报质量。

图书在版编目（CIP）数据

结构化汇报：如何呈现工作成果、产品与自我能力 / 黄漫宇著. — 北京：机械工业出版社，2023.12（2024.11重印）
ISBN 978-7-111-74534-1

Ⅰ.①结…　Ⅱ.①黄…　Ⅲ.①工作方法－研究　Ⅳ.①B026

中国国家版本馆CIP数据核字（2024）第020240号

机械工业出版社（北京市百万庄大街22号　邮政编码100037）
策划编辑：曹雅君　　　　　责任编辑：曹雅君
责任校对：龚思文　张　薇　责任印制：单爱军
保定市中画美凯印刷有限公司印刷
2024年11月第1版第13次印刷
148mm×210mm·9.25印张·1插页·201千字
标准书号：ISBN 978-7-111-74534-1
定价：68.00元

电话服务　　　　　　　　　网络服务
客服电话：010-88361066　　机　工　官　网：www.cmpbook.com
　　　　　010-88379833　　机　工　官　博：weibo.com/cmp1952
　　　　　010-68326294　　金　书　网：www.golden-book.com
封底无防伪标均为盗版　　机工教育服务网：www.cmpedu.com

前　言

当你翻开这本书时，相信你已经意识到在职场上既要干得好，更要说得好。只有善于汇报的人，才能在有限的时间内想得清楚、说得明白，通过恰到好处的汇报实现自我才华和工作成果的精彩呈现，获得领导、同事和客户的信任，为职业生涯的发展赢得机会。

不过，你可能也发现要做好汇报实际上是一个高难度的工作。比如在汇报时，你是否经历过以下类似的尴尬场景：

- 向领导汇报工作，刚开了个头，领导就皱起了眉头，不耐烦地打断你，"请你说重点"；
- 向客户汇报方案，还没有讲到重点，客户就听不下去了，不停地看手机；
- 参加竞聘演讲，自以为准备得很充分，可是一上台刚开场就发现评委们对你不感兴趣；
- 想找一份新工作，投出了简历，满以为很快就会收到面试通知，但是却石沉大海，没有得到任何面试机会；

- 参加面试，一上来就碰到无领导小组讨论，虽然已经很认真地参与了，但是每次都被淘汰……

应对以上场景，你需要掌握结构化汇报的原理、技巧和工具，通过具有共情力、逻辑力和感染力的汇报抓住每一次汇报机会，展现自己的才华和工作成果，这样你才能获得打开职场成功之门的金钥匙，全面提升自己的职场可见度，完成从"职场透明人"到"不可替代者"的过渡，成为上司、客户和同事信任和依赖的对象。

2020年我曾经就金字塔原理在职场沟通情境下的应用撰写了《结构化表达：如何汇报工作、演讲与写作》一书，由于这本书直击职场沟通中的痛点，旨在短时间内帮助职场人士提高沟通表达能力，受到了大量读者的青睐。该书出版以来一直蝉联京东"自我完善类书籍"和当当"成功励志类书籍"畅销榜。

在《结构化表达：如何汇报工作、演讲与写作》出版以后，我继续深耕结构化表达与职场软实力提升这个领域，期间收到了读者的大量反馈，并在提供相关培训过程中进一步了解了更多职场人士亟待解决的沟通问题。通过整理读者和学员们的"吐槽点"，我发现职场人士，尤其是职场新人在汇报方面存在的困惑最多。这里的汇报不仅指工作汇报，按照汇报的内容来分，既包括工作汇报（书面或口头的工作汇报）也包括自我汇报（求职和竞聘演讲）；按照汇报的对象来分，既包括向领导汇报（工作汇报、求职和竞聘演讲）也包括向客户（销售演示）汇报。无论哪一种汇报，都有一个共性：在时间有限的情况下要获得领导或客户的信任或支持，而且汇报的效果对于职业发展至关重要。

为了帮助更多的职场人士解决汇报这一职场沟通难题，在有限的时间内实现自我能力和工作成果的精彩呈现，我撰写了这本书。

本书紧扣原理、工具和场景三个关键词，在说明结构化汇报的特点、要求和原则之后，围绕口头汇报、书面汇报、销售演示、求职与竞聘演讲等高频汇报场景，以具体沟通情境为切入点，详细介绍了结构化汇报的技巧、工具和框架，并通过实例帮助读者举一反三，在短时间内掌握结构化汇报，从容应对职场中的各种汇报场景。

本书是《结构化表达：如何汇报工作、演讲与写作》一书的进阶篇，对各种汇报情境进行了细化，系统说明了如何解决这些汇报中的痛点和难点，帮助读者轻松克服"汇报难、汇报苦、汇报让人头疼"的职场老大难问题。

本书针对职场人士学习的特点，力求做到：

第一，针对每种汇报场景给出具体的技巧、框架和方法，让读者即学即用。

第二，通过图文并茂的方式增强本书的可视化程度，适合读者利用碎片化的时间阅读。

第三，情境和案例的选择具有较强的代表性，通过实操性的解决方案手把手地教读者解决职场中的汇报难题。

第四，紧扣热点前沿，为职场人士提供省时省力的汇报工具。从 2023 年开始，使用 AI 工具提高办公效率成了一个热点，事实上在汇报准备的过程中，如果善于提问和引导，完全可以让 AI 成为我们的得力"小助手"。为了帮助读者用好 AI 提高汇报的效率和质量，在本书最后一章，我特意增加了如何使用 AI 助力结构化汇报的内容。

本书一共分为原理篇、情境篇和工具篇三个部分：原理篇分析了结构化汇报的特点、要求和原则；情境篇围绕口头汇报工作、书面汇报工作、向客户汇报产品或方案、求职和竞聘演讲等高频汇报场景介绍了如何应用结构化汇报的工具、技巧和方法；工具篇分析了如何将 GPT 应用于汇报场景，帮助读者既提高汇报效率又提高汇报质量。本书的整体内容结构如图 0-1 所示。

图 0-1 本书的整体内容结构图

如果读者时间有限，在阅读本书时可以从自己最关心的问题开始，带着问题翻阅相关的章节，便于迅速找到方案，解决汇报中的难题。本书在每一章开头的部分概述了本章要解决的问题，建议读者可以先回答这些问题，然后带着这些问题阅读全章后再回过头来看这些问题，对比看书前后对这些问题理解的差异，然后联系工作实际总结自己的收获，并制订未来处理类似问题的行动计划。

如果你期待有效解决职场中的汇报难题，希望在较短的时间内提升汇报时的表达能力，阅读本书将为你找到令人满意的答案。

围绕提升职场软实力这一主题，我开通了微信公众号"EQ阁"，旨在为职场人士提升沟通力、学习力和思考力提供一个自主学习的平台，欢迎读者们关注。

此外，我与机械工业出版社合作录制了音频课程"21天学会结构化表达"，已经在喜马拉雅等平台上线；录制的视频课程"学会结构化表达，轻松搞定职场沟通"也已经上线，欢迎读者扫描下方二维码收听或收看。

音频课程
21天学会结构
化表达

视频课程
学会结构化表达，
轻松搞定职场沟通

黄漫宇
2023年7月于武汉

目　录

03

第 2 篇　情境篇

第 3 章

IX

04

第 4 章

X

01

第 1 篇

原理篇

第1章

为什么结构化汇报是职场必杀技

本章将帮你解决以下问题：

- 在职场中为什么要善于汇报？善于汇报会给你带来哪些收益？

- 什么是结构化汇报？适用于哪些场景？

- 你的汇报具有结构化的特征吗？

- 你是一个善于汇报的人吗？

在职场中既要干得好也要说得好，不能只知道低头做事，而不善于向领导汇报，会做汇报的人能够了解领导的需求和意图、充分展示自己的能力、获得领导的信任，为自己升职加薪赢得机会。

事实上，汇报的内容除了工作，还可能包括自己或者是产品（方案），汇报的对象除了领导，还有可能是客户（见图 1-1），所以常见的汇报场景往往包括：

- 以口头或书面方式向领导汇报；

- 以竞聘演讲或者求职形式向以领导为主的受众汇报自己；

● 以销售拜访形式向客户汇报自己、以销售演示形式向客户汇报产品（方案）。

图 1-1　常见的汇报类型

无论哪种类型的汇报都是在综合材料的基础上，用口头或书面形式向受众所做的正式陈述。在做汇报时，我们都希望在有限的时间内吸引受众的注意力，通过简洁、清晰和有信服力的表达把信息准确且高效地传递给受众，让他们听得明白、记得清楚、产生认同，那么如何才能实现这样的汇报效果呢？

你需要学会结构化汇报的技巧和工具。结构化汇报是结构化表达在不同汇报场景中的具体应用，是共情力、逻辑力和感染力兼备的高质量汇报（见图 1-2）。

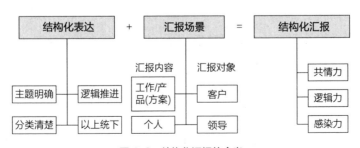

图 1-2　结构化汇报的含义

关于结构化思维以及结构化表达的原理和技巧，读者可以翻阅《结构化表达：如何汇报工作、演讲与写作》一书进行系统学习，本书主要针对工作汇报、竞聘演讲、求职面试、销售拜访、销售演示等具体的汇报场景，告诉读者如何应用结构化汇报的技巧在关键时刻精彩地展示自己的风采，展现工作业绩，获得领导的认可、客户的信任，提升职场软实力。

1.1 干得好更要说得好：善于汇报是职场软实力的体现

很多职场人士工作兢兢业业，深信只要干得好，领导就一定会看见，真的是这样吗？

事实上，即使你干得再好，领导也不一定会看见，这是为什么？

先让我们来看看，一个管理者的时间是如何分配的？

有一个关于领导力的调研结果显示：管理者大概会花 50% 的时间在业务上，50% 的时间在管理上。其中，管理工作包括向上管理和向下管理，向下管理的时间大概占 20%。如果按照一个管理者平均管理 6~7 人的规模来计算，你的上司在你身上花的时间大概只有 3%（见图 1-3）。

实际上不用调研，你自己感受一下，你的领导是不是这样分配时间的？

所以，尽管你的上司对你来说是 100%，你 100% 服务于他，但是你对他来说只有 3%。

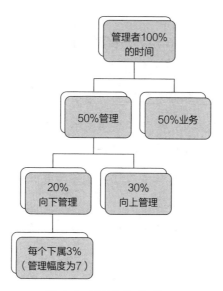

图 1-3　管理者的时间分配

　　看到以上的分析过程相信你已经明白，即使你勤勤恳恳地做了很多事情，由于领导的时间和精力有限，实际上他不一定看得到，因此你需要在这仅有的 3% 的时间里去向领导证明：你做了很多事情，你的能力是很强的，然后你才能获得更多的认可，拿到更多的回报。

　　工作中的很多场合，你都不会有足够的时间去阐述你的想法，而且面对的领导层级越高，留给你的时间越少。所以你不仅要做得好，还要汇报得好，在每个关键时刻都能够抓住有限的时间，通过恰到好处的汇报实现沟通目标、展示工作成果、体现个人价值，这样才能得到上级的认可和信任。所以，善于汇报是职场软实力的体现。

情境案例

小李该如何向领导汇报工作

小李入职三年以来第一次负责主持了一个项目，项目进行了一个月，需要向领导汇报进展。为了这次汇报，他熬了一个通宵，自认为准备充分，谁知面对领导刚开始汇报不到5分钟，领导就不耐烦了，不断地催促说："讲重点、讲重点。"

小李感到很困惑：领导为什么这么没有耐心？难道我讲的不是重点吗？小李觉得很委屈。

如果你遇到小李这样的情况，你会怎么说呢？你平时是如何汇报工作的呢？

我们来看一下小李的工作内容，以及他是怎么汇报的，帮他找找问题。

小李手头负责的是一个新媒体运营项目，旨在提升公司的品牌形象。他在向上司汇报时是这么说的：我们项目组一共有3名成员，小李擅长文案和创意，所以主要负责文字工作；小刘擅长画图和设计，所以负责图文；我负责制定整体方案和协调。目前我们一共完成了20篇品牌提升文案的写作，策划了一次活动……

看到这里，你可能已经意识到小李的汇报存在以下问题：没有从领导最关心的问题出发，过程方面的细节交代太多，说了很多却没有说到问题的要害。

那么，小李该怎么办呢？首先，他需要分析领导在听汇报时最关心的问题是什么？显然，对领导而言，小李是如何做的并不重要，重要的是小李负责的项目所取得的结果与成效。因此，汇报时应该直接从成果出发，并通过一目了然的数据让工作绩效可视化。

基于结构化汇报的要求，小李修改了汇报的文案，他和领导进行了如下汇报：我最近负责的新媒体运营项目，经过团队努力，目前公司微信公众号上的软文阅读量由 1 个月以前的每天不到 1000 到现在每天都有 3000 以上，月涨粉数也达到 5 万人，这个月品牌在各大主流新媒体上的曝光数量达到 2 万次，比上个月增长了 50%……

小李的第二次汇报充分回答了领导关心的问题，要点突出，思路清晰，拿出的数据和资料都是硬性支撑，没有一句废话，得到了领导的充分认可。

1.2 你善于汇报吗：
善于汇报的人都有哪些特点

善于汇报的人会将每一次汇报都视作展现自己才华和工作能力的舞台，长袖善舞，游刃有余，在较短的时间内把工作亮点或者自己的业绩清晰明了地展现给受众。每一个职场人士都希望自己在汇报时表现出色，那么你是善于汇报的人吗？如果以下几条你都做到了，那么恭喜你：你的汇报表现一定是受人称道的。

1. 善于换位思考

汇报的关键在于以对方喜闻乐见的方式将信息传递给对方，让对方听得明白、产生认同，这意味着汇报人首先要清楚受众的偏好和需求，才有可能量体裁衣地整理信息，并选择最有效的传播渠道将信息传递给对方。由此可见，汇报不是考虑自己要说什么，而是要琢磨别人想听什么，这时要充分地换位思考，即站在对方的立场去关心对方的所喜所好、所思所想。因此，要想让汇报达到预期的效果，最重要的一件事就是基于换位思考的理念了解你的受众。

2. 善于倾听

汇报是一个双向沟通的过程，在汇报时，虽然你是主动传递信息的一方，但是只有通过倾听对方的提问和反馈，你才能判断对方是否正确解读了你所传递的信息，对方存在哪些顾虑，对方更关注哪些问题。只有正确解读对方反馈中所传递的信息，你才能把话说到点子上，切中问题的要害。所以，汇报过程中只有善于倾听，你才能找到说服对方的关键，才能在汇报中有的放矢、言必有中。

3. 善于提炼总结

是否具备优秀的概括能力取决于能否透过现象抓住本质，从复杂的信息中找准问题。善于概括的人也是我们常说的"有思想、有见识"的人，这种人具备对复杂情况进行分析诊断、抽象和概念化的技能，能够舍弃次要的、非本质的属性，将主要的、本质的属性抽取出来，从而形成关于这一类事物更为普遍的概念。

概括提炼观点要做的工作包括两个方面：一是抽取重点、化繁为简；二是通过概括形成结论，在较短的时间内将某个复杂的事情用简洁的方式说清楚，帮助对方迅速抓住自己想表达的重点。

要想提高概括能力，关键在于勤思考、多练习，善于模仿，特别是多琢磨那些文笔干净利落的文档，琢磨作者是如何表述观点的，在会议上多揣摩会议主持人是如何将嘉宾的发言进行总结和升华的，而自己在概括提炼观点后，也要多向身边善于写作的同事和朋友请教，让他们提建议。经过多次练习和实践后，这方面的能力便可以飞速提高。

4. 善于结构化表达

汇报时重要的不是你想说什么，而是如何说别人才可以听得进去。因此，你需要养成结构化表达的习惯，把表达镶嵌到最适宜的结构中，借助结构的优势，让听者理解你要说的内容。

知名作家史蒂芬·平克（Steven Pinker）曾说："写作之难，在于把网状思考，用树状结构体现在线性的语句里。"这句话用在口头表达上一样适用。口头表达虽然相对简短灵活，但也是这样的过程：整理自己的万千思绪，用有逻辑的方式组织，再以清晰准确的语言表达出来，实现自己的表达目的。

5. 善于进行可视化呈现

汇报时为了激发受众的兴趣，汇报人应注重通过生动、形象的表达降低受众的理解成本，提升感染力。作为听众，很多时候我们都有这样的体会：听到一个精彩的演讲，过了一段时间即使演讲的具体内容已经不记得了，但是听时的那个感受还记忆犹新，这就是可视化呈现效果的体现，具体可以通过图画、道具、打比方、讲故事等方式实现。可视化呈现是让受众迅速理解并快速记住汇报内容的最佳途径。

1.3 你的汇报有结构吗：
有结构的汇报和没有结构的汇报有什么不同

情境案例

小明做错了什么

小明是 A 快消品公司市场营销部企划经理，由于近几年来顾客的爱好呈现多样化的特点，如何根据这一变化提供适销对路的商品成了市场营销部面临的问题。市场营销部的刘总把这个任务交给了小明，让他尽快对顾客喜好的变化情况做出总结并为新品的研发提供决策依据。

小明在执行任务过程中认识了一位专业的咨询顾问，该顾问建议小明的公司采用外包的方式，购买一个能将顾客网络购买历史和顾客资料进行精准分析的系统，以实时、准确地掌握顾客需求。该系统价格较低，且能在网络上操作。小明看过系统模型后认为非常接近公司的要求，而且由于系统价格不算高，这意味着比自己部门去专门研究这个问题节约了大量的资金成本和时间成本。

于是小明向咨询顾问索要了必要的资料，并准备向刘总报告这个方案。小明是这么向刘总汇报的："最近我在完成您交给我研究顾客偏好变化的任务过程中，发现 B 咨询公司有一套现成的系统可以给我们使用，这个系统的功能是……"话还没有说完，刘总抬起右手打断了他的话："稍等一下，你突然介绍这些让我一头雾水。我本身不太了解这个系统，即使你解释了一堆专业术语我也无法做出判断。麻烦你厘清头绪，用更简单的方式来做报告……"

小明一下子蒙了，只能退了出来，心里抱怨着："我这不也是为了公司着想吗？你不鼓励我就算了，还这么不留情面地斥责，真是没劲！"

很明显，这是一次失败的工作汇报，原因就在于缺乏结构。为什么呢？有结构的汇报是什么样子的呢？

整体而言，有结构的汇报具备三个特点：共情力、逻辑力、感染力（见图1-4）。其中，共情力主要体现在汇报时能设身处地体验受众的处境，从而感受和理解受众的心情和需求，在汇报时要顺应受众的思考习惯并符合受众的偏好。逻辑力体现在具有清晰的框架，结构一目了然。感染力主要是通过语言和非语言的技巧让汇报生动形象，降低受众的理解成本。

图1-4 有结构的汇报所具备的特点

1. 共情力 1：有结构的汇报应该顺应受众的思考习惯

有结构的汇报能够顺着受众的思路组织内容，根据受众的思考习惯一步一步地传递信息。人们在进行决策时，思考的顺序大致是五个步骤：为什么、做什么、怎么做、有什么用、下一步做什么（见图 1-5）。

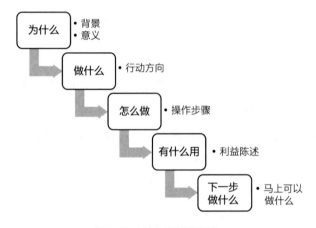

图 1-5　决策时思考的顺序

所以，按照这一思考顺序，有结构的汇报应逐一回答这些问题，通过逐渐帮助受众解除对这些问题的疑问而达到汇报的预期效果。

比如在开始的案例中，尽管小明认为外购系统是最好的解决方案，但是在汇报时他没有考虑刘总的情况：刘总很忙，并且不了解系统。那么这时的汇报目的并非让刘总掌握系统的情况，而是让他先了解为了掌握顾客的偏好，为什么必须先构建数据管理系统，先让其关注数据管理系统可以解决的问题，然后再介绍这个系统。

所以，根据刘总决策过程中的思考顺序，小明应该采取的汇报过程大致是：

◎ 第一步：通过激发痛点说明为什么

小明告诉刘总目前想要准确掌握顾客需求变化，最需要的是对历史大数据进行分析，虽然公司拥有顾客线上和线下购买的大量数据，但是缺乏有效的工具对之进行分析，目前对顾客需求的判断还停留在经验阶段。

◎ 第二步：提出明确的主张

说明解决痛点的行动方案是什么。比如，小明在汇报了顾客数据管理的现状后，可以适时地提出通过购买现成的数据分析系统帮助公司盘活数据资源的主张。

◎ 第三步：如何做

只有前两步得到了刘总的认可后，才能进入详细汇报方案内容的阶段。小明在解释了为什么和做什么以后，就可以仔细向刘总汇报如果购买这个系统，系统可以提供哪些功能，可以如何解决公司顾客数据管理中存在的问题。

◎ 第四步：利益陈述

说明这个方案会带来哪些收益，并回应前面提出的需求和痛点。这时最好从领导关注的关键利益说起，以增强说服力。比如，小明可以告诉刘总：根据已经使用了该系统的同类公司的经验，购买这个系统后，预计在 3 个月内可以为公司提供新品决策建议 20 条，在 6 个月内提高 20% 的销售额，也即大约 500 万元的销售额，而该系统的初期购买费用仅为 10 万元，后期每年的年费为 1 万元，既可以帮助公司节约数据分析方面的人力成本，还可以缩短新品研发时间，增加销售额。

◎ **第五步：下一步行动**

汇报工作不要指望一蹴而就，要根据领导的态度，试探性地提出行动方案。比如，小明可以建议刘总先允许团队引进分析系统的试用版，在试用 1 个月后再做出是否购买正式版的决策，这样可以打消领导的疑虑，帮助领导早点做决策。

2. 共情力 2：有结构的汇报应该符合受众的偏好

换位思考是沟通的本质。在汇报工作时，汇报人应根据主要受众对所汇报信息掌握的情况和对核心建议的态度选择汇报结构，要牢记针对不同的汇报对象应采用不同的结构。

比如，我在《结构化表达：如何汇报工作、演讲与写作》一书中曾经介绍工作汇报中常用的两种结构：层形结构和列形结构。

层形结构以背景为开端，目的是让上级对此有一定的了解；然后指出当前形势已经出现的变化，这就可以直接引出汇报人所给出的建议；最后呈现核心建议（见图 1-6）。因此，用层形结构汇报工作适用于以下两种情况。

◎ **情况一：上级对背景知识缺乏了解**

当上级不太熟悉下属所汇报的主题时，用层形结构是一个合适的选择。缺乏背景知识，上级无法理解下属的核心建议所处的

环境，也就很难愿意支持这个建议，而有了"背景介绍"则能够
让上级在理解的基础上做出判断。

```
┌──────────────────────────────────────────────┐
│                  背景介绍                       │
│ • 包含沟通对象不熟悉的背景内容                   │
│ • 为"形势变化"的理解提供必要信息                 │
│ • 如果可能，确保提供的信息没有争议               │
└──────────────────────────────────────────────┘
```

```
┌──────────────────────────────────────────────┐
│                  形势变化                       │
│ • 这一变化将引导受众审视问题，为后面针对变化做出核心建议进行铺垫 │
│ • 变化可能是一个事件、时间段的变化、新的信息，或者三者的结合体 │
│ • 变化可能是负面信息，迫使我们采取行动；也可能是正面信息，带来一 │
│   个新的机遇                                    │
└──────────────────────────────────────────────┘
```

```
┌──────────────────────────────────────────────┐
│                  核心建议                       │
└──────────────────────────────────────────────┘
```

图 1-6　层形结构示意图

◎ 情况二：预测上级可能抵触自己的建议时

015

如果汇报人在汇报前已经了解到上级可能会不赞同自己的建议时，使用层形结构至少可以减缓上级的抵触情绪，把他们一点点地带向自己的想法，借助"形势变化"的相关内容为行动提供足够的理由，引导上级以开放的态度去聆听自己的讲述，从而可能激发他们支持自己的核心建议。

与层形结构不一样的是，列形结构由核心建议开始，其下是以列形排列的支撑信息（见图 1-7）。通常列的数量是核心建议中所包括的功能数量。

当上级非常熟悉方案的主题或者无须汇报人提供所有信息时，可以采用列形结构。这种结构的汇报对象通常是汇报人的直接领导或汇报人经常接触的利益相关者。

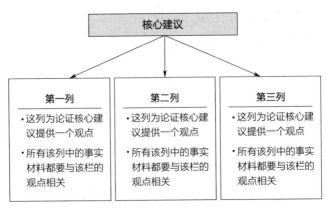

图 1-7　列形结构示意图

3. 逻辑力：有结构的汇报应该具备清晰的框架

结构化汇报强调框架思维，如常见的 SWOT、5W2H 等框架，这些框架便于理解且简单易用。在汇报过程中，汇报人如果善于使用框架思考和组织信息，则有利于汇报人在清晰分类的基础上全面考虑问题，避免产生错漏。而对受众而言，在获取信息时，他们也能够迅速厘清思路、抓住要点，在纷繁芜杂的信息中根据自己的需要识别中心思想和层次结构，提升分析问题的能力和决策力。

在没有现成框架时，汇报人可以按照金字塔结构将汇报内容搭建成对应的框架，即先总结一个结论作为金字塔塔尖的核心观点，再去考虑论证核心观点所需要的支撑，随后列举说明每个观点所需要的论据，给出数字、事实等细节去证明这些观点，按照以上统下的原则画出整个汇报内容的金字塔结构。

情境案例

向领导建议录用实习生小明

　　小明在你们部门实习了 3 个月，作为部门主管的你对他很满意。于是，你准备向领导汇报小明的实习情况，并建议领导录用小明。在汇报前，你可以按照从上到下的顺序绘制如图 1-8 所示的金字塔。

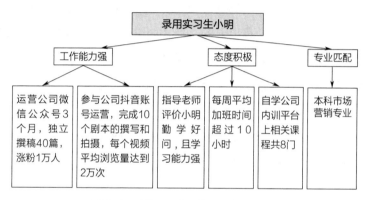

图 1-8　建议录用实习生小明的汇报框架

　　按照这个框架汇报能够清晰明了地说明结论和理由，汇报人在汇报前要多层次地思考，从上到下至少要考虑包括结论、理由、支撑依据在内的三层内容。基于金字塔结构进行汇报，不仅能让汇报更有层次，还能适应受众时间不够或汇报时间有限等场景。

4. 感染力：有结构的汇报应该生动形象

　　汇报时即使有逻辑、有结构，表达也很顺畅，可能依然激发不起受众的兴趣，这是为什么呢？因为内容再好，也需要以合适的形式为载体。不注意生动、形象地表达，就像一个没有情感的机器人那样照本宣科，会让受众昏昏欲睡。因此，只有通过语言和非语言的表达技巧让汇报变得更加丰富和生动，才能激发受众的兴趣，并降低受众的理解成本。

那些脍炙人口的经典文学作品之所以能够经久不衰，一直为人们所称道，生动有趣、理解成本几乎为零是其中的一个关键原因。比如大家津津乐道的《西游记》，其实作品中的唐僧形象与历史上的真实唐僧是有出入的，但《西游记》中的唐僧形象已经根深蒂固，而鲜有人知道《大唐西域记》中对于唐僧这一历史人物的真实记录。这是因为《西游记》的语言更符合人们的理解习惯，理解成本几乎为零，故而广为流传。

由此可见，通过生动形象的表达降低理解成本、提升感染力是让对方迅速理解并快速记住汇报内容的最佳途径。

018

举例

多用信息化语言让汇报变得生动形象

在汇报工作中，为了突出自己的工作成绩，让受众一听就能够产生深刻的印象，建议更多地采用数字、事实和细节。

比如，小明在组织单位团建活动后向领导汇报工作，他最初使用描述性语言是这么汇报的：

我策划了'奋斗杯'长跑比赛，我的组织与协调工作确保了整场比赛顺利而热烈地进行。

这种写法泛泛而谈，不够形象具体，不能向领导证明小明的工作努力和成绩。

后来小明使用信息化语言，将以上汇报修改为：

这一次，我作为负责人策划了"奋斗杯"长跑比赛，并在两个方面创新了传统的长跑比赛模式。

- 第一，组织了以团队为单位的比赛，要求各位选手按照 5 人的规模自发组织团队，每个团队的成绩以全部成员到达终点来计算。为了比赛获胜，团队成员相互鼓励、相互支持，共有 30 个团队参赛并全部完赛，整个参赛过程大大提高了团队的凝聚力。

- 第二，组织了以家庭为单位的比赛，以员工家庭为单位参赛，冲刺时所有家庭成员必须手牵手过线，共有 180 个家庭参赛，让更多的员工感受到企业的温暖和关怀。

此外在汇报自己时，善于使用信息化语言更容易让自己脱颖而出。比如在自荐信和简历中，小明想说明自己善于使用办公软件，一开始使用描述性语言写的是：

- 熟练使用 Word、Excel、PowerPoint 等软件。

后来用信息化语言改为：

- Word：打字速度平均 75 字 / 分钟，能够熟练使用 Word 中 90% 的功能。

- Excel：熟练使用 Excel 中的函数功能，会利用 Excel 进行各种计算。

列出具体的数字和进行细节性的说明，让人一看就能了解小明使用办公软件的熟练程度。

| 本章思维导图 |

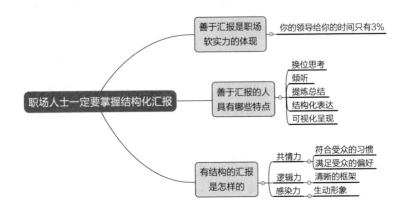

| 本章金句 |

- 干得好更要说得好：善于汇报是职场软实力的体现。

- 尽管你的上司对你来说是 100%，你 100% 服务于他，但是你对他来说只有 3%。

- 善于汇报的人会将每一次汇报都视作展现自己才华和工作能力的舞台，长袖善舞，游刃有余，在较短的时间内把工作亮点或者自己的业绩清晰明了地展现给受众。

- 汇报时重要的不是你想说什么，而是如何说别人才可以听得进去。

- 可视化呈现是让受众迅速理解并快速记住汇报内容的最佳途径。

- 有结构的汇报具备三个特点：共情力、逻辑力、感染力。

● 通过生动形象的表达降低理解成本、提升感染力是让对方
迅速理解并且快速记住汇报内容的最佳途径。

学习完后请总结你的三点收获。

1. _____

2. _____

3. _____

请制订你的三个行动计划。

1. _____

2. _____

3. _____

第2章
快速掌握结构化汇报

本章将帮你解决以下问题：

- 汇报时为什么要换位思考？如何实现换位思考？
- 汇报时如何通过结构化倾听做到言必有中？
- 汇报时如何用好结构化表达？
- 汇报时如何从无到有搭建内容框架？
- 汇报时如何通过增强画面感提示感染力？

结构化汇报符合受众的思考习惯、满足受众的偏好，在结构清晰、重点突出、逻辑缜密的同时还具有极强的感染力，这样的汇报是如何练成的呢？你需要掌握以下几招（见图2-1）。

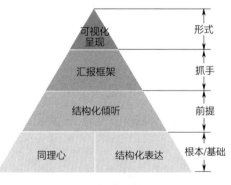

图2-1　如何进行结构化汇报

2.1 具备同理心是根本

情境案例

缺乏换位思考的工作汇报就是"自嗨"

小明是供职于某个大型集团的工程师，第一次主持一个大型技术研发项目，在项目进行到 3 个月时，他被要求向高层领导汇报这个项目的进展情况。为了做好这次汇报，小明花了大量的时间准备演示文稿和详细报告，主要内容是介绍这个项目的技术进展。

然而，在汇报过程中，小明发现高层领导对他的汇报一点都不感兴趣，这是为什么呢？

事后经过他人的提醒和复盘，小明才发现自己的问题在于没有提前考虑到高层领导的需求和背景。因为高层领导并非该领域的技术专家，他们更关心的是项目的商业价值和市场前景，对于技术细节不感兴趣，也无法正确理解。而小明的汇报只是考虑了自己的工作内容，缺乏换位思考，尽管准备充分，最终还是没有有效地传达项目的核心信息并取得预期的结果。

汇报的关键在于以对方喜闻乐见的方式将信息传递给对方，让对方听明白、有认同，这意味着汇报人首先要清楚受众的偏好和需求，才有可能量体裁衣地整理信息，并选择最有效的传播方式将信息传递给对方。由此可见，汇报不是考虑自己要说什么，而是要琢磨对方想听什么，应进行充分的换位思考，即站在对方的立场去关心对方的所喜所好、所思所想。因此，要想让汇报达到预期的效果，最重要的一件事就是基于换位思考的理念了解自己的受众。

因此，汇报人需要为自己的受众画像，尽可能地了解受众的年龄、性别、专业、背景、身份、知识结构，基于这些基本信息才有可能准确判断受众的偏好、知识面和需求。

1. 受众的偏好

每个人都是独特的个体，都有不同的背景、身份和性格。甲之蜜糖可能恰是乙之砒霜，指望一套台词演完各种戏是不现实的。所以，汇报人在汇报之前要为自己的受众做个画像，既要分析受众的背景、身份和性格，还应预判受众的立场，判断他们是自己的支持者、反对者还是中立者。不同的立场决定了不同的汇报方法。

2. 受众的知识面

在汇报工作时，为了保证自己所传递的信息能够让受众理解并取得预期的效果，汇报人需要提前分析受众的知识水平和专业领域，以便在汇报时选择适当的语言和术语，使得信息更易于被理解和接受。在了解受众的知识面以后，汇报人还应根据受众的专业程度调整汇报内容的深度和细节：对于非专业的受众，需要更多地解释基本概念和背景信息，以便他们能够理解汇报内容的主要观点；而对于专业的受众，需要更加专注于高级话题和细节。

3. 受众的需求

对受众的需求进行分析能够帮助我们确定汇报的重点，对方所处的位置不同，他所关注的问题是不一样的。比如在做年终工作汇报时，汇报人首先要了解一下受众有哪些人，这些人因为职位不一样，所以关心的问题会有较大区别。比如，你的直接领导会更加关心你的工作业绩和表现；部门负责人更想了解目前你工作中遇到的困难和需要投入多少资源扶持你，获取这些信息有助于他就资源的分配进行决策；而人力资源部门领导会更关心你个人成长的情况。

2.2 结构化表达是基础

结构化表达是基于结构化思维，在厘清事物整体与部分之间关系的基础上，基于换位思考而进行的简洁、清晰和有信服力的表达，是一种让受众听得明白、记得清楚、产生认同的精益沟通方式。它能让汇报人在表达时更有逻辑，条理更清晰，让汇报人在迅速理解信息层次的同时，降低受众的理解成本。

实际上，麦肯锡公司所提出的"金字塔原理"是结构化表达的出发点。在《麦肯锡方法》一书中，该公司的咨询顾问曾经总结说：做咨询有三个基本思路，一是以事实为基础，二是以假设为前提，三是严格的结构化，并强调严格的结构化是解决问题的关键。

"金字塔原理"提倡按照读者的阅读习惯组织信息，由于主要信息总是从次要信息中概括出来的，表达时所有信息的最佳组织结构必定是一个金字塔结构，即由一个总的思想统领多组思想的结构，如图 2-2 所示。

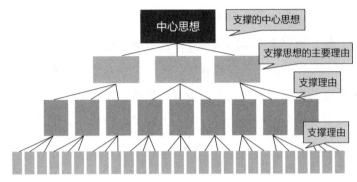

图2-2　金字塔结构

　　金字塔结构是立体的，既有纵向延伸，也有横向发展，而且这两种关系同时存在。纵向关系是指从上向下的延伸关系和从属关系，下面的内容是根据上面的内容拓展或总结出来的，可以是递进关系、因果关系、时间关系或举例关系。横向关系是指同一层次之间的并列关系或递推关系。

　　基于这张图，结构化表达的基本原则可以概括为：主题明确、逻辑推进、分类清楚、以上统下。

1. 主题明确

　　主题明确是指把最主要的结论放到金字塔塔尖，用一句简单的话概括整个信息的全貌，要求凝练、清晰、易懂。

情|境|案|例

电梯营销

　　假如你是麦肯锡公司咨询顾问，接到某装饰材料公司的一个任务，必须针对公司市场份额下降的现象找到原因并给出对策。你工作了6个月，准备了一份报告，与公司CEO约定了一个两小时的会议作汇报。会议开始前 CEO 突然接到一个紧急电话，必须到律师处约谈一个紧急事情。在这种情况下，CEO 说何不一起下电梯谈谈你的想法呢（30 秒）。你将在这 30 秒内说什么呢？

在短短的 30 秒内，你需要做的是把最主要的结论，即金字塔塔尖的部分用 1~2 句话告诉 CEO，按照"如何做＋做了后会有什么好处"的结构进行结论的陈述。

比如你可以告诉 CEO：

研究发现，如果公司的销售人员由以前按照区域划分改为按照产品划分，可以让公司 6 个月内市场份额上升 30%。

这样的主题陈述一开始就能够在有限的时间内引起对方的兴趣，激发对方的思考。

2. 逻辑推进

逻辑推进是指按照逻辑顺序组织信息，通常用演绎法或归纳法。

在金字塔结构中，信息以横向或纵向的结构关联，其中在横向结构中，逻辑顺序通常是演绎推理或归纳推理。

（1）演绎推理。演绎推理是由一般到特殊，包括以下两种形式。

第一种是三段论结构，即由一个大前提和一个小前提推导出一个结论的论述结构，如图 2-3 所示。

图 2-3　三段论结构

第二种是按照 2W1H 的框架组织信息，包括：

- 出现的问题或存在的现象；
- 产生问题的原因；
- 解决问题的方案。

比如为了说明公司必须优化营销队伍的管理，可以按照图 2-4 中的框架组织汇报结构。

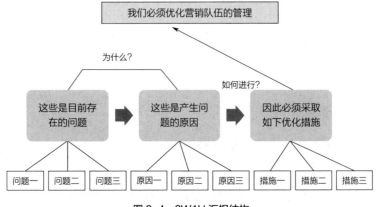

图 2-4　2W1H 汇报结构

（2）归纳推理。不同于演绎推理强调逻辑推导关系，归纳推理是将上层的中心思想拆分为并列的多个论点或论据，如多个例子、多个原因或多种对策等。其中，归纳推理的分类结构通常包括时间顺序，如汇报工作时按照项目前、中、后的过程进行汇报；

结构顺序，如描述某个产品市场前景时按照华中、华东和华北市场的空间顺序分别进行说明；重要性顺序，如知道财务经理最关心盈利的情况，所以在说明某个改革事项时把可能带来的收入增长和成本下降情况放到最前面。

3. 分类清楚

分类清楚的基本要求是按照 MECE 原则进行。所谓 MECE 原则，就是满足相互独立（mutually exclusive）、完全穷尽（collectively exhaustive）两个条件。这两个条件可以帮助我们提高思考和表达的严谨性。

相互独立要求分类是在同一标准（或维度）上，经过分类后的各部分之间明确区分，呈并列关系，不可重叠；完全穷尽意味着所有部分合起来是全面、周密且没有遗漏的。

4. 以上统下

这个原则是针对整个金字塔结构中的纵向关系，要求上面一层是对下面一层的概括和总结，下面一层要支撑上面一层的观点。上下对应也是表达逻辑的体现，即事实和理由如果能上下对应地支持观点，则受众更容易接纳。

回顾刚刚对金字塔结构的简单解释，你可能已经感受到了，结构化表达最大的优点在于能够将所见到的事物有条理地组织在一起，一方面帮助受众把事物之间的逻辑关系梳理清楚，另一方面让受众轻松地记住这些信息。

2.3 结构化倾听是前提

情境练习

（1）你向领导汇报工作方案，说完后领导丢了一句话给你："这个事情你看着办！"这时，你该怎么办？

（2）你向客户推介公司的产品，演示完毕后客户说："你们的产品好是好，就是太贵了，超出了我们的预算。"这时，你会如何回应？

以上汇报情境中，领导或客户对于你的汇报反馈很简单，字面意思也是一目了然，但是对方究竟是什么意图呢？此时你需要用好结构化倾听，从对方的只言片语中判断他们的真实意图。只有这样，你才可能针对他们的意图做出正确而及时的反馈。

1. 为什么要倾听

汇报是一个双向沟通的过程，汇报人希望通过向领导或客户传递有关工作或产品（方案）的信息后能够得到对方的理解，并在此基础上获得对方的反馈、认同和支持。因此，汇报过程包括了汇报人整理信息（即编码）、选择信息传播渠道、对方接收信息（即译码）和反馈等环节（见图 2-5）。

在这个互动过程中，汇报人不仅要让对方听到、听懂，还要注重对方的反馈，只要正确解读对方反馈中所传递的信息，才能把话说到点子上，切中问题的要害。

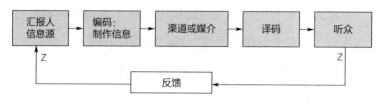

图 2-5　汇报的双向沟通过程

只有善听才能善言。美国著名的玫琳凯化妆品公司创始人玛丽·凯（Mary Kay）曾说："一位优秀的管理人员应当多听少讲。也许这就是上天为何赐予我们两只耳朵、一张嘴巴的缘故吧。"在汇报时，虽然你是主动传递信息的一方，但是只有通过倾听对方的提问和反馈，你才能判断对方是否正确解读了你所传递的信息？对方存在哪些顾虑？对方更关注哪些问题？只要善于倾听，你才能找到说服对方的关键，才能在汇报中有的放矢、言必有中。

2. 什么是结构化倾听

倾听是倾尽全力的听，要把心智调动到极致，这意味着以下两重含义。

第一，它是人主动参与的听。

人必须对声音有所反应，更确切地说，在这个过程中，人必须思考、接收、理解并做出必要的反馈。

第二，它必须是有视觉器官参与的听。

没有视觉的参与，闭上眼睛的听、只有耳朵的听不能被称为倾听。在倾听的过程中，听者必须理解讲话的人在语言之外的手势、面部表情，特别是眼神和感情表达方式。

汇报人在汇报时，只有用结构化倾听才能获取有价值的信息，从而了解对方的所思所想，据此判断对方的态度和关注点，适时和恰当地提出问题，根据对方的反馈优化汇报内容和结构，争取高效实现汇报目的。

结构化倾听是在倾听对方的谈话过程中，按照"识别事实——关注情绪——了解需求——回应期待"的步骤去听懂对方的真实意图和想法，读出话外之音，并积极做出反馈，如图 2-6 所示。

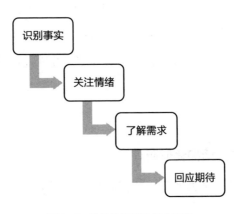

图 2-6　结构化倾听的四个步骤

3. 如何进行结构化倾听

（1）识别事实。每个人在讲话时，传递的信息包括事实和观点，事实往往是客观的描述，而观点多为主观表达。在倾听时，我们要善于区分哪些是事实，哪些是观点。具体而言，事实和观点的区别如表 2-1 所示。

表 2-1　事实和观点的区别

区别	事实	观点
客观程度	客观，有真假之分	主观，没有真假之分
理性程度	理性陈述，不以人的意志转移	感性陈述，取决于人的意志
来源	通过观察、实验、记录、测量等方式搜集	由个人价值观和偏好决定，通过学习、判断、比较、质疑等方式获得

举例如下：

小刘今天打了 6 个电话，每次通话时间都超过半小时，他太喜欢打电话了。

小王这周连着拜访了 10 个客户，没有签一个单子，他的销售能力太差了。

很明显，两句话中，前面一句是在描述事实，而后面则是说话人基于事实做出了自己的主观判断。

在说话人传递的信息中识别事实还可以按照 4W 的框架进行，即思考人物（who）、时间（when）、地点（where）、是什么（what）。凡是不受主观判断影响，可考证、可追溯的内容就是事实。如果是观点，对方往往会用"我觉得""我认为""我想"等主观推论的方式表述。

（2）关注情绪。情绪是受众在听完汇报人的汇报后所产生的感受。正面的情绪是在需要得到满足时产生的，如喜悦、欣慰、振奋、感动等。负面的情绪则产生于需要没有得到满足时，如焦虑、担心、紧张、忧伤、愤怒等。

通常在工作场合下，人不会直接把情绪外露，尤其是在强调含蓄表达的文化背景下，因此这时就需要汇报人能够关注对方的情绪，通过倾听识别对方语言中所蕴含的情绪。

具体而言，有以下 3 种方式可以帮助我们识别情绪。

◎ **关注情绪标识词**

当听到对方说话时用"总是、老是、每次、经常、一直、永远"等类似的词，我们就要注意了：这时对方可能在宣泄情绪。当听到这些词时，我们就应该提醒自己，对方可能没有在陈述事实，而是在表达情绪，此时应该注意识别对方的情绪。

比如，你上班迟到了，进入办公室看到主管，主管说："你为什么总是迟到？"这时如果你认为主管说的不是事实，你可能会因为委屈而马上辩解说："没有啊！我昨天就没有迟到。"这样回应，你就和主管怼上了，因为你没有从"总是"这个标识性词语中识别领导的情绪：主管对你今天的迟到很生气。在这个时候，你的首要任务不是辩驳，而是安抚领导的情绪，只能先消除主管的怒火，然后找机会说明情况。

◎ **关注对方说话的语气**

艾伯特·梅拉比安公式已经证明：信息的传递 7% 来自于讲话的内容和文字，38% 取决于音量、音质、语速和节奏等声音要素，高达 55% 的信息传递通过眼神、表情和动作等肢体语言（见图 2-7）。所以在听对方讲话时，除了注重内容，我们更要留意识别对方说话时的语调、语气、语速和重音等，这样才能正确解读对方的情绪。

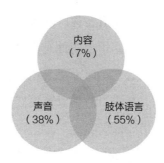

图 2-7　呈现信息的要素框架

比如前文中的情境练习（1），你向领导汇报工作，领导说这个事情你看着办，那么领导的情绪究竟是怎样的？领导的真实意图是什么？这时你仅从领导回应的字面意思是无法做出判断的，你需要分析领导说这句话时的语气和语速。比如，他说这句话时语气肯定、速度也很快，可以判断他对你的方案是有信心的；如果他说这句话时语速迟缓、若有所思，就说明他是怀疑的、不太信任你的方案。

◎ **看对方说话时的肢体语言**

由于有些人说话比较含蓄，往往说一句藏一句，因此他们真实的想法很多时候并不是我们听出来的，而是看出来的。因此，在职场沟通时我们要提醒自己：听比说重要，看比听更重要。前面的艾伯特·梅拉比安公式也已验证了这个结论。

那么，这个时候应该看什么呢？看对方说话时的面部表情、眼神、手部动作等，只要我们善于观察，就一定能够通过对方的肢体语言发现我们听不出来的情绪和意图。

还是以前面汇报工作的情境练习（1）为例，当领导说"你看着办"时，你要注意观察领导说这句话时的肢体语言是怎样的。比如，他说的时候眼睛看着你，充满期许，面带微笑，本来靠在椅背上的上身往前倾，这说明他对你很信任，很欣慰看到你的方案；反之，当他说这句话时面露难色，表情阴沉，说明他对你的方案是不看好的，只是目前他没有更好的选择，因此这个回应只是权宜之计，他仍然很焦虑。

（3）了解需求。基于前面的识别事实和关注情绪两个步骤，以换位思考为出发点，这时我们可以站在对方的立场去分析对方的关注点和期待。

比如前面的情境练习（2），你向客户推介公司的产品，演示完毕后客户说："你们的产品好是好，就是太贵了，超出了我们的预算。"这时按照结构化倾听的框架，你可以做出以下分析。

事实：对方认可产品，但是对价格不认可。

情绪：不满意。

需求：希望我们在价格上做出让步。

（4）回应期待。在汇报结束后，我们按照"识别事实——关注情绪——了解需求"的框架将对方的反馈进行了分析，此时可以做出积极的反馈以回应对方的期待，具体的做法按照"响应情绪＋确认事实＋明确行动"的框架进行（见图 2-8）。

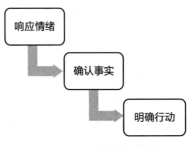

图 2-8　基于结构化倾听的反馈

比如前面的情境练习（2），对于客户认为你们的产品虽好但是太贵的回应，你可以先响应情绪说："谢谢您对于我们公司产品的认可。"然后确认事实："您觉得我们的产品有点贵，那么我想了解这个依据是什么？是和谁比较？"最后明确行动："我们看看是不是可能结合公司预算和需求拿出一套可行的产品方案？"

有谈判经验的人都知道，真正的挑货人才是买货人，根据对方的反馈积极回应，并在复述和追问的基础上进一步明确对方的需求，制订行动计划，才有可能使对方放心，这样的汇报才可能达到目的。

情境案例

如何处理客户投诉

客户投诉往往都是在使用公司产品或服务过程中碰到问题时发生的，那么按照结构化倾听的框架该如何处理呢？

- 安抚情绪。此时不应该说"你别生气，你别着急"，这种表达只会火上添油。因为这实际上是在否定对方的情绪，客户想到产品出现问题难道不该生气吗？他甚至会认为你在否定他，因此更加生气。

- 识别事实。根据你所听到的情况替客户总结事实，包括为什么投诉、投诉的内容、投诉的依据等，这样做的好处是：一方面如果你总结到位，客户会觉得受到了尊重，为后面的协商解决奠定基础；另一方面，由于你的复述需要时间，情绪失控往往是一时的，而你用1~2分钟的复述可能会让客户的情绪平定下来。很多公司培训客服人员时，都要求在提供解决方案前必须先总结和复述客户的投诉内容，也是出于这样的考虑。

- 了解需求。从客户的立场出发分析对方的期待是什么。
- 回应期待。针对客户的期待给出具体的解决方案，即使不能马上给出方案，也可以先拿出行动计划。

总之，汇报是一个双向沟通的过程，要想做到有的放矢、言必有中，用好结构化倾听是前提。在倾听对方的谈话过程中，按照"识别事实——关注情绪——了解需求——回应期待"的步骤去听懂对方的真实意图和想法，读出话外之音，并积极反馈。

结构化倾听练习

请用结构化倾听的四个步骤处理以下问题：

1. 周一领导让你做一个营销策划，说好了下周一交，周四时你碰到了领导，领导突然问你，你交活为什么这么慢？

2. 客户来投诉，说：你们的商品怎么是坏的呀，怎么回事呀，你们也太不靠谱了。

3. 你在运营部工作，被领导安排到一个跨部门合作的项目中，这个项目的主导方是营销部，有一天，项目主管突然问你：你为什么不配合我的工作？

2.4 构建框架是抓手

构建合适的框架组织信息是结构化汇报中的关键环节，基于框架进行汇报能够有条理和系统化地向受众传递信息、数据和分析结果。

框架的来源包括使用成熟的框架，按照现成的框架组织汇报的内容，这样做不仅能够多快好省地完成任务，而且由于使用的成熟框架已多为受众所熟悉，因此受众能够更容易地理解和记住汇报的内容。

我在《结构化表达：如何汇报工作、演讲与写作》一书中介绍了 SCQA 框架、PREP 框架等 20 个常用的框架，易学好用，感兴趣的读者可以翻阅本书了解更多。

如果发现没有现成的框架可用，建议按照以下步骤构建汇报框架（见图 2-9）。

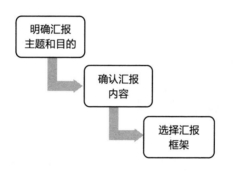

图 2-9　构建汇报框架的步骤

第一步：明确汇报主题和目的

首先，用一句话总结汇报目的，如果开始时觉得一句话说不清楚，可以先将想到的目的写下来，然后逐渐提炼到只有一句话。

其次，用 5WHY 反复追问自己这句话是不是自己的根本目的。

情境案例

用 5WHY 梳理汇报目的

小明要向上司汇报项目的进展，为了明确目的，小明用 5WHY 进行了这样的梳理：

【初始目标】：向上司汇报项目的实际情况。

【追问】：为什么要向上司汇报项目的情况？

【回答】因为上司提出要将项目进度加快一周，但实际上不可能。

【继续追问】：为什么加快一周不可能？

【答案】因为上司没有意识到这个项目中存在的一个重大风险。

【更正目的】让上司意识到由于某个重大风险的存在，项目进度不可能加快一周。

第二步：确定汇报内容

首先，根据受众分析和汇报目的，将想讲的内容都列出来，为了缓解深度思考的压力，防止一开始就忽视了关键信息，建议用思维导图。

其次，将列出的初始内容和汇报的目的相匹配，删除或修改与汇报目的不匹配的信息。

比如小明在前面用 5WHY 梳理汇报目的时，发现汇报目的是"让上司意识到由于某个重大风险的存在，项目进度不可能加快一周"，考虑到这个结论是负面信息，不是上司愿意听到的，此时小明可以修改一下汇报内容：

领导，我将项目按照加快一周的进度做了调整，其中遇到了一个风险，目前有两个做法：第一，投入更多的资源来尝试能否降低这个风险，但把握很低；第二，维持原来的项目进度。

第三步：选择汇报框架

可供选择的新框架主要包括时间结构、空间结构、2W1H 结构、钟摆结构和变焦结构（见图 2-10）。

时间结构	空间结构	2W1H结构	钟摆结构	变焦结构
• 按照事情发展的先后顺序设计结构	• 整体到部分的结构，分论点之间是平等的、并列的	• 按照是什么（what）、为什么（why）、怎么办（how）的顺序	• 在两个相异的观点之间进行对比，提出新的观点	• 由大到小深入细节或者由小到大综观全局

图 2-10　常见的汇报框架

举例

五种常见的汇报框架

- 时间结构：按照过去、现在、未来的结构汇报移动互联网对于公司经营战略的影响。

- 空间结构：分别从产品、价格、渠道和促销四个层面总结公司新产品的优势。

- 2W1H 结构：最近我们部门销售业绩严重下滑（what），原因是 A 公司近期推出的同类产品对我们现有产品产生了较大的市场冲击力（why），因此需要抓紧时间调整现有的营销方案（how）。

- 钟摆结构：关于数字经济与碳排放的关系目前主要有两种观点：一种观点认为数字经济促进了电子商务和互联网产业的发展，挤压了排放密集型产业，优化了城市产业结构，有利于减少碳排放；另一种观点则认为，数字技术的发展导致大量的电力消耗和能源消耗，增加了碳排放。我们认为这两种观点究竟哪种正确还要考虑区域经济发展水平，也就是说，数字经济发展对碳排放的影响存在区域异质性。

- 变焦结构（由大到小）：作为全球变暖的重要因素之一，碳排放增加导致自然灾害频发、粮食产量减少、生态环境失衡等问题，严重威胁着人类社会的可持续发展。中国是最大的发展中国家，面临碳减排和低碳产业竞争的双重压力与挑战，流通产业是国民经济发展的基础性产业和先导性产业，在促进生产、引导消费以及匹配供需等方面发挥着重要作用，对资源集约和环境保护具有显著的影响，成为助力我国实现碳达峰和碳中和目标的重要突破口。

- 变焦结构（由小到大）：我建议引入 OA 系统以优化文件处理流程，加快审批速度。这是因为使用这个系统可以解决我们目前面临的流程审批烦琐、速度慢、影响业务发展等问题。当前公司规模迅速扩大，在短短的 5 年内已经由原来的 300 人扩大到 3000 人，所以亟须引入先进的办公系统来满足公司日益增长的业务需求。

2.5 可视化呈现是形式

有结构的汇报在内容的组织上具备清晰的框架，顺应对方的思考习惯，在形式上或通过图表增强汇报内容的可视化程度，或通过形象化的语言增强汇报的可视化效果，具备极强的画面感，便于受众理解和记忆，让人一看就明白、一听就清楚，这样的汇报能够降低受众的理解成本，让信息轻松到达受众。

1. 一图抵千言

人的大脑更容易记住形象化的内容，比如当我们回想一部精彩的电影时，脑海中浮现的往往是电影中一幕幕的场景，而不是文字；当我们试图回忆某个东西放到哪里时，脑海中回放的也是情景而不是文字。人类大脑的特点决定了图表化的展示更有利于大脑接收信息。

具体而言，图表化的优势表现在以下三个方面。

第一，图表能够传递的信息量更大，俗话说"一图抵千言"。

第二，图表传递信息的速度更快、更直观。比如，朋友向你分享她买了一件很漂亮的衣服，如果仅用语言，她就要向你描述衣服的款式、颜色，她穿在身上的效果，无论她如何绘声绘色、眉飞色舞地描述，都不如一张照片更直观。

第三，图表传递的信息更具有整体性。逻辑思维看到的是一棵一棵的树，形象思维看到的是一片一片的森林，多用图表化展示，就不会"只见树木，不见森林"。比如，我们问路时，对方和我们说往左拐弯走 200 米，到第二个路口再往左拐走 400 米，目的地在马路的右边。尽管对方说得很清楚，但是我们听了后还是会比较迷惑，如果这时对方拿出地图，在地图上直接比画，我们会迅速了解全局，该怎么走就会了然于心。

因此，具备专业化的图形思维和画图习惯是做好结构化汇报的基本功。

2. 故事是用来打动人心的沟通工具

情感变化会使大脑分泌多巴胺、内啡肽与催产素这 3 种让人感到快乐的物质，而故事会让人产生情感变化和情感共鸣，所以故事会让人的大脑分泌这 3 种物质，这就是男女老少都喜欢听故事的原因。

古希腊著名哲学家柏拉图说过："谁会讲故事，谁就拥有了全世界。"罗辑思维的罗振宇也说过："笨拙的人讲道理，而聪明的人会讲故事。"这些都充分说明了讲故事的重要性。

会讲故事也是一种沟通能力，一个善于讲故事的人通常会通过描述细节表达情感，并通过细节的展示引起听众的情感共鸣。

【情境案例】

一个好故事的说服力

某地突发水灾，此时一家大型慈善机构发起募捐活动，该机构起草了两封募捐信。

第一封如下：水灾已经导致 20 万人生活受到严重影响，其中 10 万人被迫转移。受灾群众正面临粮食短缺、饮用水短缺、帐篷和生活用品短缺等问题……

第二封信则是提到了一个小女孩小艾，由于没有足够的食物和帐篷，小艾吃完两块饼干后，非常疲惫地趴在爷爷的肩上，眼角的泪珠还在。而直到昨天晚上，小艾还睡在半山腰的旧牛棚里，身上只盖着爷爷的一件外套……

如果你看到这两封信，哪一封信会更打动你，使你更愿意捐款呢？毫无疑问，肯定是第二封。

相对于灾区的巨大灾情，小艾的故事只是这次灾难中的一个细节，但是这个细节却比整个大背景更具有说服力。

诺贝尔和平奖获得者特蕾莎修女曾说："如果我看到的是人群，我绝不会有行动；如果我看到的是个人，我就会。"在这里，群体实际上就是一个比较普遍的现象，是一个故事中的大背景，个人则是具体的现象，比较贴近生活，因此更容易引起关注，加上细节的刻画和描述，自然能够吸引人们的注意力。

好的故事常常注重对细节的把握和挖掘，细节描述更容易让人产生代入感，容易产生说服力。因此，要善于讲故事，通过讲故事降低人们的理解成本。

如果你想进一步了解如何讲好一个故事、讲故事的常用框架等内容，欢迎翻阅《结构化表达：如何汇报工作、演讲与写作》一书的第 5 章。

3. 用道具将信息具象化

用道具是一种将信息具象化的表达方式，在这里我们可以学习一下乔布斯的演讲技巧，用最通俗易懂、最形象的方式向受众介绍苹果的新产品。在 2008 年的 MacWorld Expo 展会上，乔布斯介绍了苹果的全新产品 MacBook Air。为了展示该产品超薄和轻巧的特点，他在舞台上拿出一个普通的信封，并宣布里面有一台全新的笔记本电脑。他慢慢地打开信封，将 MacBook Air 展示出来，这引起了观众们的惊叹和欢呼。这个简单而巧妙的道具宣传了 MacBook Air 无与伦比的轻薄设计，让观众们直观地感受到产品的创新和独特之处。

4. 用打比方实现知识迁移

通过打比方让受众把不熟悉的信息、从未知晓的事物与他们熟悉的思维方式和事物联系起来，这样能够让受众迅速理解新的、不太熟悉的知识和概念，降低理解成本，实现知识的迁移（见图 2-11）。

图 2-11　打比方的原理

比如，向不了解信息技术的人描述 5G 技术的特征，打比方的话可以说："如果把现在手机的平均数据传输速度比作公交车，5G 技术就相当于高铁。"通过将人们熟悉的公交车和高铁与 5G 技术联系起来并进行对比，可以让听众迅速理解 5G 的特点，并且印象深刻。

情 境 案 例

通过结构化汇报获得领导的认可

小李是公司的销售经理，近期他需要向公司高层汇报最新的销售数据和市场趋势，从而为他们做出战略决策提供参考。在准备汇报前，小李先和主要的高层领导进行了交流，了解他们对于汇报内容和形式的期望。

小李发现高层领导最关心的是市场份额和竞争对手情况，他们更倾向于简明扼要的汇报方式。根据这些发现，小李在准备汇报时重点关注了以下问题：

第一，力求汇报内容简洁明了。小李在精心整理数据和信息的基础上，突出了核心指标和关键市场动态的信息。在汇报过程中，他大量使用图表和图形直观地呈现数据，使高层领导能够快速理解和评估销售情况。

第二，将汇报重点放在高层关注的关键问题上。小李将汇报重点放在高层领导最关心的市场份额和竞争对手方面，为此他提供了与竞争对手的比较分析，以展示公司在市场中的地位，并深度分析了竞争对手的策略。

第三，为高层战略决策提供有针对性的建议。为了帮助高层领导做出战略决策，小李在汇报中通过深入分析市场趋势和系统解读销售数据，有针对性地提出了建议，以增强公司的市场竞争力。

基于结构化汇报的策略，小李根据高层领导的需求和偏好清晰地传递了信息，并为高层领导准确把握市场动态、制定合适的公司战略规划提供了重要的决策支持，获得了高层领导的认可和信任。

| 本章思维导图 |

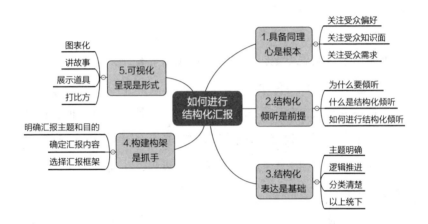

| 本章金句 |

- 结构化汇报符合受众的思考习惯、满足受众的偏好，在结构清晰、重点突出、逻辑缜密的同时还具有极强的感染力。

- 结构化表达的基本原则可以概括为：主题明确、逻辑推进、分类清楚、以上统下。

- 在时间有限的情况下，汇报人需要做的是把最主要的结论，即金字塔塔尖的部分用1~2句话告诉领导，按照"如何做＋做了后会有什么好处"的结构进行结论的陈述。

- 只有善听才能善言。

- 倾听是倾尽全力的听，要把心智调动到极致。

● 听比说重要，看比听更重要。

● 一图抵千言。

学习完后请总结你的三点收获。

1. _____

2. _____

3. _____

请制订你的三个行动计划。

1. _____

2. _____

3. _____

02

第 2 篇

情境篇

第 3 章
干得好更要说得好：口头汇报工作

- 沟通痛点：拿不准汇报重点，在有限的时间内不知道如何通过口头汇报达到预期的沟通目的，汇报时与受众缺乏足够的同频
- 知识点：具备向上管理的思维，掌握在不同情境下口头汇报工作的要点与框架
- 学习效果：在各种场景下都能恰到好处地进行口头汇报，与上司建立合作共赢的关系
- 应用场景：当面汇报、会议汇报、即兴汇报、述职汇报、提建议/要资源汇报、犯错后汇报工作

关于口头汇报工作，你是否存在以下困惑：

- 你认为只要自己足够努力就会被领导看到，就会被同事认可？
- 你发现身边有些同事的工作能力虽然不及自己，但是却比自己升迁的速度快？这些同事有个共同的特点：善于汇报工作。难道汇报工作就这么重要？
- 每次汇报工作时明明做了充分的准备，为什么领导总是

不满意？工作千头万绪，该从哪里说起？

……

在职场中，你必须意识到唯有学会正确汇报工作，才能全面提升自己的"职场可见度"。善于汇报工作，能帮助你完成从"透明人"到"不可替代者"的过渡，成为上司信任和依赖的对象。

干得好更要说得好，善于汇报工作是打开职场成功之门的钥匙。

3.1 正确汇报工作的前提：如何了解你的上司

尊重自己的上司，是具有职业素养的体现。要想让职场之路走得更加顺畅，首先要充分了解你的上司，其次还必须明确一点：上司不是你选的，而是组织选的，你并没有选择权。所以，千万不要和上司较劲，和上司较劲就是和组织较劲。

1. 具有向上管理的思维

有效的向上管理，是指站在上司的角度思考问题，针对不同类型的上司采取不同的沟通技巧和应对措施。具备向上管理的思维是成功进行工作汇报的前提。

（1）利他思维。面对领导，更多的是想"我能为领导解决哪些问题""我能够为团队提供哪些帮助"，而不是只考虑"我觉得""我想要""我不想吃亏"，这种利他的思维方式有助于提升自驱力，帮助我们主动思考和采取行动，而不是被动地服从领导的命令，从而提高工作效率。

要记住你和领导是相互成就的，你为领导工作，他为你提供资源和帮助。在职场中，没有哪个人是靠"干掉"领导而自己上位的。

情境案例

还没有面试，卡耐基就选择了她，这是为什么

有一次，戴尔·卡耐基在报纸上刊登了一则招聘秘书的广告，大约收到了 300 封求职信，内容几乎是一样的：

"我看到周日早报上的广告，我希望应征这个职位，我今年二十几岁……"

只有一位女士的求职信与众不同，她并没有谈她所想争取的，她谈的是卡耐基需要什么条件。她的信函是这样写的：

"您所刊登的广告可能已引来两三百封回函，而我相信您一定很忙碌，没有时间一一阅读，因此，您只需拨个电话……我很乐意过来帮忙整理信件，以节省您宝贵的时间。我有 15 年的秘书经验……"

卡耐基一收到这封信，欣喜若狂，立即打电话请她前来。卡耐基说："像她那样的人，永远不用担心找不到工作。"

（2）闭环思维。闭环思维的本质是有始有终地解决问题，向领导交付成果，从而为公司创造价值。闭环思维的形成体现在"领会—执行—解决—反思"的工作流程中（见图 3-1）。

● 领会：在接到任务或面临问题时，能够清楚界定问题，

发现问题的根源，理解领导的需求，基于分析设想出解决问题的步骤，并预期到可能的风险，做相应的备用方案。

- 执行：在执行工作方案的过程中主动向领导反馈，特别是在工作进度中的关键节点及时向领导汇报，以争取到领导的辅导和支持。
- 解决：深入问题的本质，提供方案，推动问题的全面解决。
- 反思：全面复盘，把数据和结果交给领导。

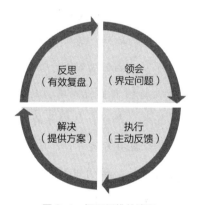

图 3-1　闭环思维的流程

055

有结果、有数据、有反思，形成完整的闭环，让领导看到你的价值，对你产生信任。

情 境 案 例

闭环思维在市场推广活动中的应用

李明是一家公司的市场部经理，负责策划和执行一项新产品的市场推广活动。在与公司领导进行沟通和合作的过程中，李明运用"领会—执行—解决—反思"的闭环思维，并通过数据和反思展示工作的价值，赢得了领导更多的信任。具体的做法如下。

领会：与领导的会议中，李明仔细聆听了领导对新产品推广的期望和目标。李明主动提问、澄清疑惑，并确保对领导的要求有充分的理解。这种积极主动的态度显示了他对工作的重视和专注。

执行：李明基于对领导要求的理解制订了详细的市场推广计划，并与团队成员进行沟通和协调。李明确定了每个人的职责和时间表，确保每个环节都能顺利执行。李明注重细节，为了确保活动顺利进行，及时跟进项目进展情况。

解决：在推广活动进行期间，李明密切关注市场反馈和数据收集，及时收集并分析了产品销售数据、市场调研结果和客户反馈。当他发现销售情况与预期目标存在差距时，迅速采取行动，与团队合作调整营销策略。李明在与领导的定期会议中，主动向领导展示了问题的诊断和解决方案。

反思：推广活动结束后，李明组织了一个团队会议，对整个活动进行总结和反思。李明与团队成员分享了成功的因素和面临的挑战，鼓励大家提出改进意见。他整理了这些反馈意见，并撰写了一份详细的活动总结报告，包括成功的方面、遇到的问题以及改进的建议。

李明策划和执行新产品的市场推广活动展示了闭环思维的应用过程。李明通过领会领导的期望，执行推广计划并收集数据，及时解决问题，并最终进行反思总结。这种闭环思维使他能够快速应对挑战、改进策略，并向领导展示自己的价值。领导看到李明在整个过程中的积极表现和专业能力，对他的工作能力高度认可，并提高了对他的信任度。

（3）示弱思维。合理示弱是一种高级智慧。

第一，认识到自己的不足。领导之所以成为领导，肯定是在某些方面比较突出。实际上，领导不一定具有很强的专业能力，但是他在人际关系管理、沟通协调等方面的能力一定是值得下属学习的。

第二，不能太逞强，喧宾夺主。没有哪个领导喜欢那种爱出风头、目中无人的下属。高明的下属会懂得收敛自己的锋芒。当你的实力还不够强大时，保持低调是对自己的最大保护。

情境案例

"聪明"的秘书为什么被解雇了

"糟了！糟了！"王经理放下电话，就叫了起来："那家便宜的东西，根本不合规格，还是原来林老板的货好，我怎么那么糊涂，发邮件把他臭骂一顿，还骂他是骗子，这下麻烦了！"

"是啊！"秘书张小姐说："我那时不是说吗，要您先冷静、冷静，再写信，您不听啊！"

王经理说："都怪我在气头上，想这小子一定骗了我，要不然别人的货怎么那样便宜。"王经理指了指电话，说道："我亲自打过去道歉！"

秘书走到王经理桌前，说道："不用了！那封邮件我根本没发出去。"

王经理如释重负，停了半晌，又突然抬头问道："我当时不是叫你立刻发出去吗？"

057

"是啊！但我猜到您会后悔，所以压下了。"张小姐笑着解释道。

"压了三周？"王经理又问。

"对！您没想到吧？"张小姐有点得意。

"我是没想到。"王经理低下头，想了一下问道："我叫你发，你怎么能压？那么最近发南美的那几封邮件，你也压了？"

"我没压。"张小姐更得意地说道："我知道什么该发，什么不该发……"

"你做主，还是我做主？"没想到王经理居然站起来问。

张小姐眼眶一下湿了，两行泪水滚落。哭着喊："我做错了吗？"

"你做错了！"王经理斩钉截铁地说。

张小姐被记了一个小过，她觉得自己好心没好报很委屈，于是跑去孙经理的办公室诉苦，希望调到孙经理的部门。

"不急！不急！"孙经理笑着安慰道："我会处理的。"

隔了两天，果然做了处理，张小姐一大早就接到一份解雇通知。

看完这个故事，你会怎么想？明明张秘书救了公司，王经理居然非但不感谢她，还恩将仇报，对不对？如果你说"对"，那么你就错了！

一个秘书可以自作主张，把主管要她立刻发的信，压下三周不发。如果有这样的胆大妄为，以后交代她做事，谁能放心？

进一步讲，自己部门的事，跑去向其他部门主管抱怨，这工作的忠诚度又在哪里？

如果孙经理将她纳入麾下，怎么向王经理交代？改天她会不会又向其他人告孙经理的状？

第三，掌握正确的求助姿势。正确的求助姿势是形成良好沟通的基础，包括求助的态度、求助方式和求助后的感谢。记得做好功课，不提傻问题。求助时表达要简单明了，利用结果去给领导正向的反馈。

（4）分寸思维。

第一，明确领导的底线。比如越级沟通、擅自拉帮结派，这是大多数领导无法忍受下属触碰的底线。

第二，不要把领导当朋友。当你把领导不当外人，任何私事都向领导透露，领导也会洞察到你的弱点，并且很容易把这些弱点联系到工作能力上，对你产生不好的评价。

2. 关于你的上司你需要知道的事情

要想你的上司重用你，你需要了解上司的存在意味着什么，全面解读上司的强项和短板、性格倾向和职业态度。

（1）了解上司的处境。上司和下属其实是命运共同体，对上司处境的了解是下属和上司和谐相处的重要条件。很多时候，你感觉自己很有道理，但是得不到上司的认可，往往是因为你缺乏对上司处境的了解。道理并不重要，效果才重要。

为了了解上司的处境，你需要思考以下问题：

- 你了解公司的组织架构和各部门之间的结构关系吗？
- 公司的老板是什么背景？他为组织带来了什么样的组织文化和工作风格？

- 你的上司是什么时候加入组织的？他在组织中做出了哪些业绩？经历了哪些重大变动？
- 你了解上司的能力强项和性格倾向吗？他带的团队有什么特点？他为什么需要你加入他的团队？

了解你的企业和上司，也可以帮助你找到在这家组织中正确的自我定位，而自我定位决定了你未来的成长和成功。

（2）了解上司的性格。应对不同类型的上司，你需要充分了解他（她）的性格特征，然后根据需要去改变自己，去适应他（她），和他（她）实现最优互补。

简单来说，人的性格可以分为以下4种：

- 支配型（Dominance，D）：行动力强、以结果为导向；
- 影响型（Influence，I）：性格温和乐观、以"人"为主；
- 稳健型（Steadiness，S）：以程序化工作为主、做事严谨、精细；
- 配合型（Compliance，C）：以服从规则为主、乐于支持他人。

了解上司的DISC人格特型，有助于你了解他的价值主张、驱动力、工作偏好和对下属的偏好（见表3-1）。

表3-1　针对不同性格类型上司的汇报策略

四型人格类型	性格特点	汇报策略
支配型（D型）：结果导向者	工作模式是以解决问题为主，以结果为唯一目标，具有直截了当、控制一切和独断专行的性格特征	直截了当，多和他讨论结果和效率，多谈谈有关"是什么"的内容，随时让他掌握状况

（续）

四型人格类型	性格特点	汇报策略
影响型（I型）：乐观的社交者	性格爽朗、待人友善，最大的驱动力是社会认同；扮演的角色是"社交者"	多体察他的情绪，同时多和他谈论"是谁"的问题，人永远是他的关注点
稳健型（S型）：完美主义者	注重程序和逻辑性，擅长分析和思考，讲究细节，性格谦逊而温和，情绪稳定	要体察 S 型上司的迟疑和耐性，多和他谈论有关程序和步骤的内容，即多谈"怎么做"的问题
配合型（C型）：支持者	讲究做事精准，重视流程；真正就事论事，对人的因素并不关心；严肃理性，不平易近人；缺乏变通	要多回答他的疑问。要注意多和他谈论有关"为什么"的问题，拿出明确的事实、数据、步骤和计划

举例

《西游记》中四师徒的 DISC 分析

《西游记》中师徒四人唐僧、孙悟空、猪八戒和沙僧性格鲜明，通过分析他们的特点可以加深我们对 DISC 的理解。

唐僧：去西天取经前，唐僧每天过着"吃斋念佛、普度众生"的生活。他关心人也迁就人，不与人争论，碰到坏人会说"施主，罪过罪过"，具有典型的稳健型特质。而在去西天取经的路上，历尽艰难险阻，尽管多次被妖怪抓走，险些被吃，他也没有放弃取经，具有坚定的信念和责任感，致力于取经任务的完成。这种坚定和责任感体现出支配型特质。

孙悟空：孙悟空是师父的得力助手，他勇敢、机智且富有冒险精神。他在故事中展现了对自由和独立的渴望，也表现出自信和自主性。这些特点与支配型和影响型性格特点有一定的关联。

猪八戒：猪八戒是一个食欲旺盛、爱玩乐的角色，常常追求享乐和自我满足。他有时候会表现出懒散和顽固的特点，但也有忠诚和幽默感。这些特点与影响型和稳健型性格特点有一定的联系。

沙僧：沙僧是一个沉默寡言、稳重和忠诚的角色，他通常扮演着师父团队中的和谐者和支持者角色。他展现出耐心和忍耐力，也在背后默默付出。这些特点与稳健型性格特点相关。

（3）了解上司的沟通方式。每个人的成长环境、价值取向和生活习惯各不相同，所以接收周围信息的方式会各有偏好。有的人偏向通过视觉获取信息，有的人偏向通过听觉获取信息，有的人会受周围环境的影响，有的人则会以自我为中心，很难改变自己的初衷。

适应上司的沟通方式是下属的职责，下属必须了解上司喜欢的接受信息的方式，这会让下属提出的意见更容易被理解。当上司理解了之后就很容易认同下属的想法，从而接受下属的建议。

有的人喜欢用文字方式沟通，如通过书面报告、电子邮件或者即时聊天工具等方式；有些人喜欢面对面的沟通，如在会议上或者在办公室进行一对一的讨论。尽快了解上司喜欢的沟通方式，并采取其所青睐的方式向他传递信息，能够更容易获得上司的理解和支持，提高工作效率。

因此，建议你在向上司汇报工作前，了解以下问题：

- 你的上司喜欢什么样的沟通方式和渠道？
- 你的上司喜欢书面沟通还是当面沟通？
- 你的上司倾向于什么样的沟通频率？
- 你的上司喜欢什么时间沟通？

作为一个聪明的下属，你一定要懂得用最快的速度适应上司的沟通方式和偏好。

（4）了解上司的工作风格。上司不同的管理风格决定了上司接收信息的不同态度和对下属汇报内容的判断结果。

有的上司事无巨细，所有事情都要抓在自己手中，把知道一切细节当成自己的工作常态；有的上司喜欢抓大放小，下属的汇报如果过于细致，在他眼中全是废话；有的上司觉得下属接到任务后不按时汇报就是欺瞒，而有的则认为下属默默完成任务是有担当的表现。

所以，你需要了解上司的工作风格后，再决定用恰当的方式去应对。总之，只有你真正了解上司的个性、沟通方式和工作风格，才有可能和上司实现同频，在同频的基础上获得预期的沟通效果。

3. 与上司建立共赢的合作关系

（1）知道上司的需求。要想对上司施加影响、让双方更加顺畅的合作，你需要知道上司最需要什么，这也是做好向上管理的关键步骤。

每个下属都应该将自己的上司当作重要的客户去对待、去分析，主动收集上司的相关信息，分析上司的所喜所好，找到上司真正的目的或者所需的东西，然后主动出击。

急上司之所急，想上司之所想，主动为上司解决问题，你需要思考以下问题：

- 你的上司是需要升迁还是想扩大他在组织的影响力？
- 你的上司在组织中的声望如何？他和他的上司关系如何？
- 你的上司是否和你说过他的目标和希望？目前，他对你有什么要求？
- 你现在的工作能够帮你的上司达成哪些目的？

通过分析以上问题，你将明确如何帮助你的上司。

（2）找到自己对上司的价值。职场中经常有人认为：上司既然是上司，那么他就应该在任何方面（包括专业）都比我强。于是，当有人发现上司专业度不如自己时，就产生了轻慢之心，认为上司连这都不会，不配当自己的上司。

你要意识到，上司之所以成为上司，是因为他能够给组织创造更多的价值，但是并不代表他要在专业方面强于所有的下属。因此，如果上司的专业度不如你，你应该用你的专长支持上司，提供自己的价值。要记住，专业是你在职场立足最可靠的武器，是你做好向上管理的资本。

情境案例

用专业和上司互补

小明在某公司的技术部工作，新来的上司原来一直从事营销方面的工作，由于多年没有接触技术领域，上司原有的技术知识已经过时。进入新部门之后，上司对新技术并不太懂，所以团队的绩效一直上不去，团队中的人对上司的态度也不太友好。

在了解了上司的情况后，小明决定用自己的专业帮助、引导上司：他把最新的技术资料带给上司，供上司学习；在技术部门开会之后，小明也会带着资料主动找上司，一对一地一点点讲解给上司听。对于上司不懂的新名词，小明会采取比喻的方式，用深入浅出的语言解释给上司听。

慢慢地，上司开始"入门"了，几个月之后，上司的能力开始在新职位上得到发挥，他越来越胜任技术部主管的工作。而小明也得到了上司更多的信任，在平时的工作中，小明的意见也是上司最看重的。

3.2 当面汇报：如何让上司愿意往下听

情境案例

小马的努力为什么付诸东流

某公司决定在新的一年中开拓新市场 A 省，计划到年底时在该市场占有率达到 10%。该公司对市场开发一向很重视，市场开发人员的待遇优厚，许多销售员在争取这个机会。经过层层选拔，销售员小马被销售总监派到 A 省开发新市场。离开之前，销售总监对小马多加鼓励并寄予厚望，小马也向总监表达了自己开发 A 省市场的信心和决心。

但是小马到了 A 省才发现，这里的市场竞争非常激烈，大客户已经被市场上的几大本地公司瓜分了，相对来说，小客户受到的重视较少。因此小马确定了方案：要打开这里的市场，只能先从小客户开始，站稳了脚跟后再慢慢向大客户渗透。

小马埋头苦干了几个月，也取得了一些小成绩。有一次，销售总监来 A 省出差，顺便视察小马的工作。

小马喋喋不休地向总监汇报自己这几个月的努力、如何争取本地客户、打开新市场有多艰难，他本想先抑后扬，先诉说辛苦，再告诉总监自己取得的成绩，以为这样总监会对自己刮目相看。没想到，说着说着，总监突然打断他说："你还记得咱们公司今年在 A 省的销售目标吗？"

小马愣了一下，说："目标是市场占有率达到10%。总监，虽然我们还没有实现这个目标……"

总监再次打断他说："你为什么不把精力放在开发大客户上？围着小客户打转你能做出什么成绩？"

说完，总监就离开了。小马想向总监汇报更多的情况，但是总监已经不给他时间了。

总监回到公司的第三天，就一纸调令把小马调回了总公司，小马几个月的努力付诸东流。

1. 聪明的下属都善于汇报工作

小马之所以被调回，一方面是因为他平时不注意定期向上司汇报自己的工作动态；另一方面是因为他的口头汇报工作不得要领。如果一开始他就先从自己已经取得的一些成绩入手，再说明自己先开发小客户的意图和原因，就不会被总监质疑了。

　　主动汇报工作为什么很重要？在第 1 章的开头我就和大家分析过：这是因为尽管你 100% 服务于你的上司，但是他（她）的工作时间只有 3% 属于你。只有积极主动地汇报工作，上司才能意识到你的付出和努力，才能了解你的能力和专业度，才有可能对你给予更多的信任和支持。而且，只有善于定期汇报、实时汇报工作，才能满足上司的安全感和掌控感，让他（她）随时感到你的状态可控、整个工作进程可控。

　　在现实工作中，你稍微用心观察一下就会发现，那些上司喜欢的员工有一个共同特点：他们都善于汇报工作，知道在什么时间用什么方式汇报。同样一件事情不同的人汇报，结果肯定是不同的。

情境案例
汇报方式不同结果会有差异吗

067

　　小明和小红都在公司的市场部工作，领导给他们布置了一项市场调研任务，即调查潜在客户对公司新产品的需求和反馈。

　　在工作了一段时间后，领导让两人分别就工作的进度和成果做一个口头汇报，他们是这样汇报的。

◎ 小明的汇报

　　小明准备了一份详细的市场调研报告，其中包括了调研方法、样本数量、数据分析和关键发现。他在汇报中使用了图表和图像来直观地展示数据结果，并提供了对于市场需求的深入分析。他还列出了一些建议和行动计划，以便进一步利用这些调研结果。在汇报过程中，小明能够清楚地回答领导提出的问题，并提供有力的解释和论证。

◎ 小红的汇报

小红也准备了一份市场调研报告，但她的汇报方式与小明略有不同。小红采用了更直接的方式，通过简洁的幻灯片展示了市场调研的主要结果和关键发现。她着重强调了一些具有重要影响力的数据和客户反馈，突出了产品的市场潜力和竞争优势。在汇报过程中，小红能够简洁明了地表达自己的观点，并提供清晰的解答。

尽管小明和小红都完成了相同的市场调研任务，由于他们汇报方式的不同，结果却有所差异。

领导看完小明的汇报，能够充分了解调研的全貌，包括其方法、数据和分析。他对小明的工作高度认可，并认为小明具备较高的思考能力和专业素养。领导对小明提出的建议和行动计划给予了充分重视，并决定采取相应的措施应对市场需求。

相比之下，小红的汇报方式更加简洁明了，能有效地传递核心信息。领导能够快速抓住市场调研的关键结果，并对小红的工作给予了肯定。他认为小红具备较强的沟通能力和洞察力，愿意与小红一起制定进一步的市场策略。

这个例子表明，即使是同一项工作，不同员工的汇报方式和呈现方式会产生不同的结果。善于汇报工作的员工能够更好地展示自己的工作成果和思考能力，从而增加领导对他们的信任和认可。这种能力在职场中往往是非常重要的，有助于提升个人的职业发展。

2. 从上司最关心的地方开始说起

既然上司在下属身上所花的时间是有限的，下属在汇报工作时就应该从上司最关心的地方说起。聪明的下属具备向上管理的意识，善于从上司的讲话、公司的新闻和动态、公司的战略与计划等多种渠道中捕捉有用的信息，判断上司最关心的事情是什么，然后在汇报工作时就会从上司最关心的地方说起。具体的原则是：

- 强调紧急的；
- 强调重要的；
- 强调和上司利益关系密切的；
- 强调上司关心的。

3. 结论先行：先说出结论，再阐述内容

情境案例

汇报工作不从结论说起会有什么后果

小李是公司新来的实习生，领导让他联系各部门的负责人并敲定会议时间。经过一番沟通，小李向领导汇报了情况。

小李："刘总，研发部的李总监说他不介意晚点开会，明天开也可以，但是明天上午 11 点之前他没有时间；营销部的林总监说他明天不能参加下午 2 点的会议；设计部的徐总监说他在外地出差，明天下午才能赶回公司开会；并且已经有同事预约了明天下午在会议室和其他公司进行项目交流，所以开会时间定在后天上午 10 点，您看可以吗？"

小李汇报完了，领导一直紧锁眉头，若有所思，过了几天，小李就因为不胜任这个岗位而被辞退了。

汇报工作时要养成先说结论再阐述过程的习惯，因为上司最关心的就是结果。努力未必能产生价值，只有结果才有价值。

在电影《穿普拉达的女王》中，时尚杂志的总编在听她的助理安迪汇报时无情地打断了她，然后说："我对你无能的细节不感兴趣。"所以，越重要的事情，越要先说结果。

举例

流水账式汇报与先说结果式汇报

上司：小王，你是否搞定了新客户 A 公司的订单？

◎ **流水账式汇报**

销售员：A 公司那个单子我可是费了好大力气，一开始我不知道那个客户住在哪里，通过多种渠道弄到对方秘书的电话才搞清楚。为了获得客户的好感，我每次都做了充分准备才去拜访他，一共去了 5 次，每次都带了一大堆资料，为了体现我们公司的诚意……

上司打断说：那么 A 公司的订单到底成了没有？

销售员：成了啊，合同签了。

◎ **结果式汇报**

上司：小王，你是否搞定了新客户 A 公司的订单？

销售员：A 公司那个单子已经顺利签约了。

上司：哦？怎么弄的？

销售员：那个单子我可是费了好大力气，一开始我不知道那个客户住在哪里，通过多种渠道弄到对方秘书的电话才搞清楚。为了获得客户的好感，我每次都做了充分准备才去拜访他，一共去了 5 次，为了体现我们公司的诚意，每次都带了一大堆资料。

有些人之所以会在汇报工作时详细说一些无关紧要的过程，这是因为他们认为这个过程特别能体现自己的努力工作，但是领导对这些并不感兴趣。汇报工作时，只有自己才会关心过程和细节，而上司最关心的就是结果，只有知道结果了，他才会有心情听细节和过程。所以，越是重要的事情，越要先说结果。

如果上司听了结果后，什么都没说，下属就不必再汇报细节，因为上司的表现说明，对这件事而言，他知道结果就够了；如果上司听了下属说的结果后，表现出对事情的过程感兴趣，那么下属可以从中挑选精彩的地方向他汇报，那些无关紧要的细节应该省略。

4. 收益逻辑：做好价值描述

071

口头汇报要遵循效率第一的原则，要求用最短的时间说出重点内容。因此，汇报人要善于在最短的时间内说清楚自己的工作能够给公司或部门创造的效益、带来的价值，不要汇报无关紧要的细节。

汇报人之所以能够在最短的时间内进行精准的价值定位，源自充分的准备和优秀的专业度。只有对部门和公司的利益、上司关注的问题、自己的定位、工作进度、工作中的难点和痛点等信息掌握充分且认识清楚，汇报人才能用最简单明了的价值陈述精准地打动上司。

因此，所有看起来简单的成功汇报，都是背后精心设计的结果。

情境案例

用 10 个词说清楚核心价值

有一家大型网络安全设备公司在某个项目的招投标过程的最后一个环节向所有投标的供应商提出了一个问题:"请用 10 个以内的词回答为什么我们要选择你?"

大多数供应商面对这个问题束手无策,毕竟为了竞争这个项目,大家都准备了上百页的文档,现在却要缩短到 10 个词,怎么可能?但是有一个供应商却轻松地给出了他们的答案:"我们是最令人安心的唯一供应商。"这个要点清晰明确,而且正中招标公司下怀,因此该供应商轻松地拿到了这个项目。由此可见简单、明确、令人信服的信息所具有的魅力。

5. 选用合适的框架提高汇报效率

有结构的汇报有助于清晰地传达信息,突出重点,提高效率。通过选用合适的汇报框架,汇报人可以确保汇报的质量和可理解性,增强汇报交流的效果。

整体而言,以下三种汇报框架比较常见,可以根据汇报的情境进行选择(见图 3-2~ 图 3-4)。

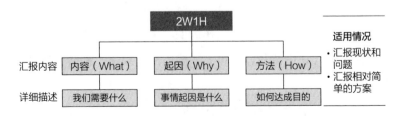

图 3-2　汇报工作的 2W1H 框架

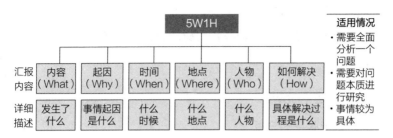

图 3-3　汇报工作的 5W1H 框架

图 3-4　汇报工作的 STAR 框架

举例

三种框架如何应用于汇报工作

1. 2W1H 框架

汇报主题：推广活动效果分析

◎ 起因（Why）

推广活动的目的是提高产品的知名度，吸引潜在客户并促进销售增长。通过分析活动效果，我们可以了解推广活动对于产品销售和市场反应的影响，以便进一步优化策略和取得更好的结果。

◎ **内容（What）**

我们进行了一次针对新产品的推广活动，并希望向您汇报其效果分析。

◎ **方法（How）**

a. 数据收集和分析

我们收集了以下数据：活动期间的销售数据、网站流量和转化率、社交媒体互动量和参与度，以及客户反馈调查结果。

b. 效果评估

通过综合分析数据，我们得出以下结论。

销售数据：活动期间销售额增长了15%，其中有40%的销售额来自新客户。

网站流量和转化率：网站流量增加了30%，转化率提高了10%。

社交媒体互动量和参与度：活动相关帖子的点赞和分享量增加了50%，我们的品牌知名度在社交媒体上得到了显著提升。

客户反馈调查：85%的受访客户对产品表示满意，其中60%的客户表示愿意推荐给他人。

通过这些数据和评估结果，我们可以得出结论，推广活动取得了良好的效果，提高了产品知名度、吸引了新客户，并带来了销售增长。

在汇报中，我们还会进一步讨论活动策略、执行过程中的关键成功因素以及可能的改进方向。这样，您可以全面了解活动的效果，并将其作为未来做出决策和制定策略的参考依据。

通过使用 2W1H 框架，汇报突出了推广活动的目标和效果，并提供了数据和分析支持，让听众能够清晰了解活动的成果和影响。

2. 5W1H 框架

汇报主题：项目最新进展

◎ 内容（What）

我们将向您汇报最新的项目进展情况。

◎ 起因（Why）

汇报项目进展是为了确保您对项目的了解，并及时提供必要的信息，以便您做出决策和调整。

◎ 时间（When）

项目进展汇报将于每周三的下午 2 点定期进行。

◎ 地点（Where）

汇报会议将在会议室 A 进行，也可以通过视频会议的方式参与。

◎ 人物（Who）

项目团队成员、相关部门的代表以及我自己将参与汇报。

◎ 如何解决（How）

a. 项目目标回顾：我们将回顾项目的整体目标和关键要求，确保大家对项目达成共识。

b. 里程碑达成情况：我们将介绍已完成的里程碑，包括交付成果和所用时间，以及关键问题和挑战。

c.进度更新：我们将更新项目进度，包括当前阶段的任务完成情况、所用资源和预计剩余时间。

d.风险和问题：我们将汇报已识别的风险和问题，并提供解决方案或寻求领导的指导。

e.资源需求：如果有资源需求或支持的请求，我们将请领导给予指示。

3. STAR 框架

汇报主题：负责的市场营销活动的进展。

◎ **情境（Situation）**

我在过去一个季度负责推动公司的市场营销活动。

◎ **任务（Task）**

在一个竞争激烈的市场环境中，我的任务是提高品牌知名度并增加销售额。

◎ **行动（Action）**

为了达到这个目标，我采取了一系列行动。首先，我进行了市场调研，以了解目标客户和竞争对手的需求和策略。然后，我制订了一个综合的市场营销计划，包括在线广告、社交媒体推广和活动策划。我与团队合作，制作了创意和宣传资料，并与合作伙伴建立了战略联盟。此外，我积极参加行业会议和展览，与潜在客户进行面对面的交流。

◎ **结果（Result）**

由于这些努力，我们取得了显著的成果。我们的品牌知名度得到了提高，社交媒体关注度和用户参与度也明显增加。销售额比前一季度增长了 15%，超过了我们的目标。同时，我们还获得了新客户，并与现有客户建立了更牢固的合作关系。整个市场营销活动的成功得益于团队的合作和创意的实施。

6. 让数据和事实说话

当你想将自己的一个观点表达出来时，只依靠言语的表达会显得有些无力，这时你需要加入数据帮助你强化自己的观点，将语言叙述的事实具体化、明确化。特别是当你需要向对方论证一个问题时，数据就显得更加重要，而且数据能够让沟通内容变得更加生动。

在汇报工作时，数据通常比语言描述更有说服力。

例如，你在电梯里碰见了总经理，他随口问你："这个月你的工作怎么样？"

如果你也是随口回答："还可以。"那么，你很可能就失去了一个表现自己的机会。

你可以回答："这个月工作业绩还不错，目标是 100 万元，现在已经完成了 90 万元，下周还有一个有意向的客户，预计能签 30 万元的合同。"

如果你用这些数据汇报工作，让领导听到具体的信息，那么将给领导留下良好的印象，让领导感觉你是一个严谨、认真的人。

因此，想让工作汇报变得更加高效，要善于使用数据或事实来佐证自己想传递的观点。

3.3 会议汇报：
如何引起听众的关注

情境案例

为什么我的汇报达不到预期目的

　　李明就职于一家大型的上市公司，该公司在全国范围内有30家子公司，李明在公司总部负责运营方面的工作。为了规范采购管理，节约采购成本并保证货源的稳定性，公司准备出台一个新的采购管理制度，将原来分散于各子公司的大批量采购集中由公司总部采购。新采购管理制度刚出台不久，刚好赶上各子公司负责人要回总部开会，为了让各子公司的负责人都明确这次采购流程改革的内容并予以支持，李明决定利用这次机会向各个子公司负责人汇报这次采购管理制度的改革和实施方案。

　　于是，李明非常认真地准备了会议汇报的内容，并做好了对应的演示文稿。演示文稿内容翔实，从公司现有采购管理制度、制度中存在的问题、带来的负面影响讲到采购管理改革的初衷、新的流程、如何执行、新制度带来的好处等。李明提前准备好了汇报的逐字稿，对汇报材料烂熟于心，也准备好了应对各位负责人可能会提的问题。

　　会议开始了，李明噼里啪啦地讲完了全部内容。他对自己的表现很满意，所有该讲的点都讲了，非常流畅，时间控制得也很好，最后李明留了十分钟给负责人讨论和提问。

　　然而，一位负责人问："这事和我有什么关系？你跟我所在公司的采购部沟通就好了。"

李明眼前一黑，急忙解释道："王总，这个新的采购制度非常重要，在公司推行需要你们的支持。"

王总接着说："我这里没有问题啊，你们政策都已经制定好了，需要采购部门如何配合，你们和他们去说就好了。"看得出来，他很不耐烦：干吗拿这点琐碎的事来烦我们？

是王总有问题吗？是他不支持这个改革吗？是他不懂具体业务，不关心运营细节吗？

其实这里的问题在于李明的汇报方式，他没有事前思考：听众最关心的问题是什么？

在会议中，听众关注的问题往往有两个：第一，"听你说"对我有什么好处？第二，"不听你说"对我有什么坏处或者有什么损失？

也就是说，在会议汇报中要想让听众关注你所汇报的内容，要善于从对方最关心的问题说起，只有找准对方的"痛点"或"爽点"，才能让对方聚精会神地听下去。

此时如果善于使用 SCQA 框架（见图 3-5），从听众最关心的问题说起，就能够吸引听众的注意力，并且让他们愿意听下去。

按照这个框架，从听众所关心的问题说起，还原方案从无到有的整个思考过程，符合听众的思维习惯，容易与听众形成连接，引起听众的关注和共鸣，使他有兴趣听下去。

图 3-5　汇报工作的 SCQA 框架

应用举例

汇报公司离职率高的问题

比如你是人力资源主管，发现这个季度公司员工离职率较高，希望在部门会议上做个简短汇报，以分析离职率高的原因，并且制定相应方案降低离职率。

采用 SCQA 框架组织会议汇报内容，可以按照图 3-6 的思路进行阐述。

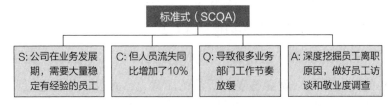

图 3-6　使用 SCQA 框架举例

除此之外，SCQA 框架还包括直奔主题式（ASC）、突出冲突式（CSA）等变体。按照 ASC 或 CSA 组织汇报框架，如图 3-7 和图 3-8 所示。

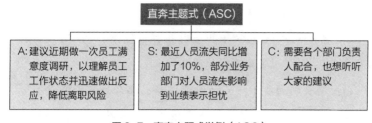

图 3-7 直奔主题式举例（ASC）

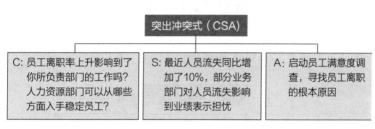

图 3-8 突出冲突式举例（CSA）

081

回到本节开篇案例，李明是想抓住这次子公司负责人回来集中开会的机会向他们告知要实施新的采购管理流程的事情，目的在于获得他们的支持。由于这些负责人并非采购工作的执行人，他们并不熟悉采购流程，也不会关心相关的操作细节。而李明的汇报目的也只是希望在执行过程中得到负责人的支持，因此汇报内容上不要太多地涉及具体如何改革、新的流程如何操作，而是要通过对数据的分析和比较让他们意识到这次改革究竟可以给子公司带来什么样的好处，解决他们的什么问题。事实上，子公司负责人最关心的还是组织业绩完成的情况，从这个点切入容易获得他们的关注和认同。

举例

本节开篇情境案例的汇报方案

S：由行业中同类竞争对手最新的一次采购制度改革说起，

引起子公司负责人的注意。

C：各公司要完成今年的绩效指标，即净利润增长 10%，市场竞争非常激烈，形势不容乐观。

Q：增长利润要千方百计降低成本，那么如何降低成本？

A：第一，列出数据，展示大宗原材料采购在各公司原材料成本中占到 60% 以上比重；第二，经过测试发现，集中采购可以将原材料成本降低 20% 以上，帮助各子公司完成净利润增长的目标。

以上汇报内容如图 3-9 所示。

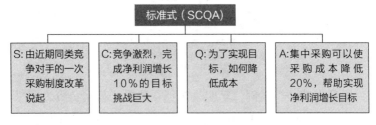

图 3-9　用 SCQA 框架引起子公司负责人的重视

3.4 即兴汇报：如何将不期而遇转换为机遇

和前面提到的汇报场景不同，即兴汇报往往是被动的，即在没有准备汇报的情况下突然被询问工作进展的情况。比如，开会时领导要求你说明工作的情况，或者领导打电话给你询问你手上负责工作的进展，或者在电梯、茶水间等地方和领导不期而遇时，领导突然询问你工作的事情……

即兴汇报的难点在于没有时间充分准备，你需要迅速做出反应，而此时的汇报质量会直接影响领导对你工作能力的判断。要在最短的时间内说清楚关键问题，你需要应用框架帮助你快速将清楚思路，抓到汇报重点，有理有据、逻辑清晰地应对上司。

下面给你四个好用的框架应对即兴汇报的场景，应用这些框架可以帮助你快速梳理思路，从容不迫地应对这些高难度的沟通场景。

1. "问题—原因—方案"框架

"问题—原因—方案"结构示意图，如图 3-10 所示。

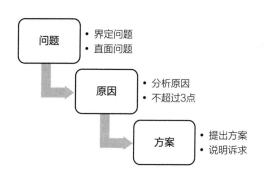

图 3-10 "问题—原因—方案"结构示意图

举例

假如你在茶水间里遇见了上司，上司突然问你："昨天开会，我发现你最近的工作进度比团队其他成员慢了不少啊。"

你的回应：

是的，最近我的工作进度确实落后了。（直面问题）

昨天会后我也反省了一下，主要是没有平衡好家庭和工作的需求。这段时间孩子身体不好，总是要带他去看病和治疗，以前

没有碰到过这样的事情，让我有点措手不及，导致我没有合理安排好工作进度，确实影响了团队工作进程。（分析原因）

我这两天会把那些可能影响项目进度的事情优先处理好，然后结合我的季度目标和团队工作目标，重新做一个工作计划。领导，如果下周二您有空，到时候我把这个计划拿给您，请您指导一下，您看好吗？（提出方案）

当工作进展不顺利，领导询问工作情况时，按照这个框架进行汇报，可以让领导感觉到碰到问题时，你能够积极主动地去应对，不断反省和思考，并愿意及时采取行动去解决问题。这样，上司会认为你是一个靠谱的人，他会支持你，并有可能因此更加信任和器重你。

因此，即使工作不顺利时需要即兴汇报，只要你活学活用"问题—原因—方案"这一汇报结构，直面框架，在自己力所能及的范围内找到原因，并主动寻求解决方案，就能借此获得领导更多的信任。

2. "黄金三点"框架

在《结构化表达：如何汇报工作、演讲与写作》一书中，我们已经分析过汇报工作要善于讲三点，因为讲三点的汇报结构信息全面、逻辑清晰，还方便记忆。在即兴汇报时尤其要善于"讲三点"，养成"讲三点"的习惯。"讲三点"的框架可以从时间、结构和重要性维度等层面去积累和练习，组织信息时要注意遵守MECE（相互独立、完全穷尽）原则，并采用以下"黄金三点"框架（见图3-11）。

图 3-11 "黄金三点"框架

应用举例

优秀员工获奖感言

假如你获得了年度优秀员工的荣誉称号，在部门年终总结会议上，总监突然邀请你来和大家讲几句，按照"感谢＋回顾＋愿景"的框架，你可以这样说：

非常感谢领导给我这个发言的机会，我很荣幸获得这个殊荣，在这里要感谢各位领导的信任和肯定，也要感谢团队小伙伴们给我的大力支持。（感谢）

在过去的这一年中，在大家的帮助下，我在专业能力和团队合作方面得到了很大的收获……（回顾，可以围绕收获讲1~2个事例）

相信在总监的带领下，在大家精诚合作的基础上，我们会越来越好！祝愿各位小伙伴事业蒸蒸日上！我们部门来年再创佳绩，公司业务兴旺发达！（愿景）

3. "钩子—要点—论证—呼吁行动"框架

在即兴场合，如果领导提出问题后让你说几句，没有限定时间，在这种情况下使用"钩子—要点—论证—呼吁行动"框架可以使汇报内容更为完整，汇报效果更为出彩（见图3-12）。

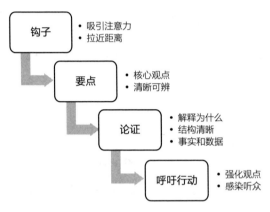

图3-12 "钩子—要点—论证—呼吁行动"框架

应用举例

优秀员工获奖感言

假如你获得了年度优秀员工的荣誉称号，在部门年终总结会议上，总监突然邀请你来和大家讲几句，按照"钩子—要点—论证—呼吁行动"的结构，你可以这样说：

钩子：今天有幸拿到这个奖我特别激动，但是也有一点小惭愧。

要点：因为我觉得我的荣誉应该属于我们团队。

论证：我们的团队内部有很好的团队文化，人员虽少但具有很强的凝聚力；团队成员可以互相支持，互相鼓励……（举例说明）。

呼吁行动：我希望代表团队领了这个奖之后，能够给大家鞭策，接下来我将配合团队，一起为了公司目标……（怎么做）。预祝我们大家、我们公司明年更上一层楼！

使用以上汇报结构时应该注意以下事项。

（1）钩子部分。钩子用于和听众建立联系，引起听众的兴趣，不仅要能吸引听众，还要与你讲的要点相联系。

如果开会时突然被主持人点名起来发言，在开头时可以简单总结已有的观点，或者表示自己赞同某人的观点。比如，"刚才大家的讨论主要集中在是继续深入开拓国内市场还是开拓国际新市场""我赞同刘力关于增加营销预算的观点"，这样做的好处是一开口就让听众意识到自己对他们的尊重，通过直接表示赞同某些听众的观点也比较容易获得他们的认可和重视。

（2）要点部分。要点即在汇报中说明自己的核心观点是什么，是沟通信息中的重点，整个汇报必须围绕这个重点展开。

因为汇报时工作进度不一样，因此要注意根据工作节点在确定领导需求的基础上明确汇报重点。

以一个项目为例，项目前期，领导最关心的是筹备情况；项目执行过程中，领导最关注的是有没有按照计划执行，执行中是否有风险；项目接近尾声，领导关注的是项目能否成功交付。

不同的工作节点，领导关注的核心指标和维度都不一样，提前判断好才能有效管理领导的预期。

当工作处于不同节点时，汇报重点可能会是以下四种不同的情况。

第一种，同步情况。这时，简要汇报现状就可以。例如，领导问你产品开发进度，你需要回答，开发是不是顺利，这周和下周分别要干什么。

第二种，请求决策。例如，你根据市场调研的结果，设计了三种产品改善方案，需要领导决策后，你才能推进下一步工作。

第三种，汇报风险。你预感任务完成过程中存在风险，需要及时汇报给领导，请他帮忙出主意、想对策。

第四种，争取资源。为了更好地完成目标，你需要领导为你提供人、财、物方面的支持。

请注意，同一个问题，由于时间节点不同、领导对信息的需求不同，因此汇报的重点也不一样。下面通过一个例子说明。

情境案例

领导突然打电话给你，让你汇报这个月的销售情况

◎ 情形一：同步情况

你应该先说结果，再交代具体的细节。你可以直接说："目标100万元，已签单70万元，到月底有望突破120万元。"把结果说完之后，如果需要，可以再补充一些客户、产品等维度的细节信息。

◎ 情形二：请求决策

这时要先明确问题，然后拿出两个方案供领导选择。

在这种情况下，你的汇报内容就变成了："领导，因为竞品

促销的冲击，这个月销售额降低了 20%。针对这个情况，我准备了两个应对方案，一个是……，另一个是……，您更倾向于哪个呢？"

◎ **情形三：汇报风险**

此时不能只说风险，还要列出你能想到的对策。

你可以说："目前看业绩增长的态势不错，不过我发现客户投诉比例在明显上升，已经影响了客户满意度。为了避免这个问题发展下去，我有这样两个建议……您看看可行吗？"

◎ **情形四：争取资源**

这时要重点说明需要投入多少，以及可以带来的回报是什么。

你可以说："整体进展不错。特别是团队里的新人，陆续签下了几个大单。我想和您申请一下，安排他下个月外出学习 1 次。回来后让他在团队内转训。这样既能提升团队的业务能力，也是对新人的激励。您看可以吗？"

（3）论证。论证主要是解释为什么，常用的结构包括以下四种。

第一，原因模式，即罗列各种原因来支持主要观点。比如利润下滑，可以归结为两个方面，分别是：①部分供应商成本增加，而产品依旧保持原价销售；②竞争者普遍采取了降价销售方式，占据了部分市场。

第二，方法模式，这里呈现的是实现中心观点可以采取的具体行动方式，即解决问题的步骤。比如，面对新产品出现大量退换货情况，我认为应该这么做：①主动召回问题产品，并赔偿损失；②下架所有产品营销广告，降低负面影响；③生产部门进行产品质量检查，找到原因，并予以解决。

第三，时间顺序模式，即通过时间序列详细描述讲话要点。比如，3个月占领市场，首先，第一个月……，第二个月……，第三个月……。

第四，地点顺序模式，与时间顺序模式的逻辑大致相同，以地理位置为轴展现论据以支持论点。

（4）呼吁行动。这个部分通常要求听众对讲话要点采取行动，也可以告诉听众你打算采取的行动，或者指出大家应采取的一些协同行动。这也是一个再次强化自己的观点，感染、吸引、启发和激励听众的过程。

4. PREP 框架

即兴汇报时使用 PREP 框架的优点在于，能够简洁明了地讲清问题并同时展现结论的可信性，在短时间内将必要信息传达给对方，具体如下。

结论（point，P）：先讲结论，让受众明确知道汇报的目的与内容，有一个清晰的预期。

依据（reason，R）：再讲依据，充分验证结论的可信性。

事例（example，E）：用必要的事例、数据、故事有力支持自己的观点。

重申结论（point，P）：结尾再强调结论，通过这种方式让受众更明确你讲话的主要内容，并与前面内容遥相呼应，显示陈述的逻辑性和完整性。

PREP 框架如图 3-13 所示。

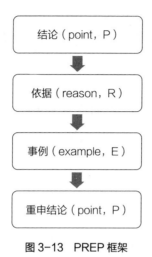

图 3-13　PREP 框架

PREP 框架的设计是符合注意力规律的。因为人的注意力在开始和结束前往往比较集中，而中间注意力通常会下降，所以千万不要将重要的信息藏在中间。PREP 刚好将最重要的信息放到了开头和结尾，突出了重点内容。

091

举例

PREP 框架的应用

领导突然打电话给你，让你汇报这个季度的业绩情况，按照 PREP 框架你可以说：

P：业绩目标 1000 万元，实际完成 1200 万元，每个同事完成单人业绩 150 万元以上。

R：本季度开始就把任务以周为单位分解到每个人身上，并每周追踪回顾完成情况。

E：比如 A 关注通过促销加快消化库存，B 集中精力开发新客户。

P：这一次超额完成业绩离不开领导的大力支持和各兄弟部门的积极配合。

这样汇报工作，即使时间不到 1 分钟，也能够清晰明了地让领导迅速了解他所关心的业绩情况。

3.5 述职汇报：
如何在上司面前展现你的业绩

情 境 案 例

这样述职好吗

小刘是公司的一名产品经理，平时在工作中勤奋努力，工作业绩也比较突出，年底时公司组织所有产品经理做一次年终述职，每个人只有 10 分钟的时间。轮到小刘，他上台后把自己的岗位职责介绍了一遍，整个汇报给人的感觉是"该说重点的没有突出""不该说的却啰唆了一大堆"，最后在汇报总结整体评分中拿到了最低分，让主管领导非常失望。本来工作业绩不错，却由于不善于汇报，使自己的个人能力和业绩在主要领导心中大打折扣，小刘是不是很吃亏呢？

述职汇报是述职者围绕任职情况向本单位的主要领导、上级主管单位的领导和同事进行公开的正式汇报，陈述的内容主要包括履行岗位职责的整体情况，完成的主要工作业绩、缺点和存在的问题，对未来的设想等。任职者通过述职汇报，总结经验、改进工作、提高素质，并接受上级领导的考核和同事的监督。述职汇报一般都在年终举行，有的单位还会安排年中的述职汇报，此环节已经成为上级领导考核、评估、任免和使用干部的重要依据。

领导倾向于从述职汇报的表现对当事人的综合实力做出判断，特别是在较大的组织中，个人平时是没有太多机会接触到高层的，可以通过述职汇报向他们展示自己的工作能力和价值。因此，我们在干好工作的基础上也要学会善于在短短的几分钟内将自己的工作成绩和亮点展示在上司面前，千万不要像小刘那样明明工作表现突出，却因为不会述职汇报而埋没了自己的价值。

述职汇报时有很多人参加，每个人都是限时的，因此，汇报人一定要通过精心准备提高述职效率和质量，切忌事无巨细，一一汇报，类似流水账一样，拉拉杂杂说了一通却不知所云，没有亮点，不能让人形成深刻的印象。

好的述职汇报应该逻辑清晰，重点突出，亮点明确，工作和业绩情况一目了然，还要能够体现出汇报人的思考和成长。每次成功的述职汇报都能够提升自己在组织中的形象，为未来的升职加薪打下坚实的基础。

为了做好述职汇报，汇报人可以从以下方面入手准备。

1. 将领导关心的问题作为重点来介绍

述职汇报的主要听众是上级领导，虽然汇报人一年下来工作千头万绪，可以讲的内容很多，但是时间有限，在确定汇报重点时要根据领导关心的问题进行取舍，将领导最关心、强调最多的问题作为重点讲、放到前面讲。

那么，如何知道领导最关心的问题是什么呢？根据前面讲到的向上管理原理，可以通过分析领导在年度工作报告中重点提出来的工作、平时强调多的工作、组织在该年中投入最多精力的工作来确定领导最关心的问题，然后结合自己工作的主要内容，把其中与领导重点关注的问题的相关内容拿出来作为重点，放到前面讲，相关度不是那么高的问题可以一带而过。这样让领导更有兴趣听，更有可能对汇报人的工作做出较高的评价。

切记，述职汇报不求完整，但求亮点突出，而有价值的亮点就是要能够解决领导最关心的问题。

2. 内容精炼，控制好时间

述职汇报都是限时的，而且是多人同时进行，因此要控制好篇幅，在规定的时间内完成陈述，否则会影响陈述内容的完整性。在确定汇报篇幅时，根据限定的时间并按照 200 字 / 分钟的语速来计算稿件长度。在写作初稿时可以不限制篇幅，但是在后期修改时要不断精炼语言，通过反复修改和润色缩减篇幅，保证在规定的时间内完成汇报。

3. 善于提炼和总结

概括是管理者必备的一项重要能力，也是一种高层次能力，管理者级别越高，概括能力应该越强，越能够针对复杂情况进行分析和诊断，在抽象提炼和概念化的基础上进行概括。在述职汇报中，述职者应善于在高度提炼和概括的基础上用一个结构串起汇报的内容，帮助听众轻松理解汇报的要点。比如，有的述职者在汇报时用"1+3+5"提炼汇报的内容，"1"是指一条工作主线，"3"是指三大重点工作，"5"是指五项具体措施。还有的述职者在句式上把工作要点进行包装，工整对仗，言简意赅，易读好记。

4. 善用数字和事实，并用对比增强数字的效果

述职中凡是说到目标或成绩时要尽可能量化，用具体的指标和数字，切忌假大空。说具体的观点时拿出事例来佐证，让观点落到实处。比如，为了说明在某个方面的成绩较为突出，可以通过第三方的评价来说明问题，包括上级的肯定、统计的数据、评比的结果、媒体的报道、群众的口碑等。必要时，可以采用对比的方式增强听众对数字的感觉。比如在汇报成绩时，与其直接说今年的销售额达到 2 亿元，不如说今年的销售额由去年的 1.5 亿元增加到 2 亿元，增长率为 33%，通过对比让听众感觉到销售额实实在在的增长。在汇报明年的工作计划时，与其说将市场份额提高到 10%，不如说将市场份额由今年的 8% 增加到明年的 10%，力争市场份额增长率达到 25%，这样的对比让听众直观感受到述职者为明年市场份额增长计划所付出的努力。

5. 逻辑清晰

述职汇报的时间短，而陈述的内容往往涉及一年或者更长的时间，因此更需要将内容结构化，做到逻辑清晰、重点突出，在有限的时间内让听众轻松地了解汇报人的工作成绩和亮点。

述职汇报常用的框架如表 3-2 所示。

表 3-2　述职汇报常用的框架

结构	内容	要求
导入	现任职务、任职时间、岗位责任、工作目标	简明扼要，1~2 句话即可
工作业绩及经验	• 横向结构：以工作内容或项目为主线 • 纵向结构：时间顺序	重点突出，结构分明
不足与教训	与计划目标存在差距的原因	实实在在，条理清晰
计划与决心	来年计划、目标、措施	切实可行，简短有力

6. 增强可视化效果

述职汇报时，汇报人可以根据呈现的内容，通过精心设计的 PPT、合适的故事和巧妙的打比方等方式增强汇报的可视化效果，突出感染力，给听众留下深刻的印象。具体的做法，读者可以参阅第 2 章的内容。

情境案例

销售经理述职汇报时如何通过可视化增强感染力

小刘是一位销售经理，需要在公司的年度述职汇报中展示自己的团队在过去一年取得的成绩和做出的贡献。在他回顾这一年以来团队的努力时，他是这么表述的：

在去年年初，我们的团队面临一个挑战——需要达到一个非常高的销售目标，这似乎是一个不可能完成的任务。但我相信团队的实力，我讲了我的一段亲身经历来激励团队成员。

我是一个登山爱好者，经常和我的登山团队挑战一座座高峰。有一次我们决定攀登一座海拔 8000 多米的高峰。开始时，每个人都感到力不从心，面对陡峭的山坡和艰难的环境，团队士气低落。然而，我们的队长告诉我们，面对类似的挑战不要放弃，相反，要把每一步都当作向成功迈进的机会，每一个困难都是一次超越自己的机会。最后，队长带领我们通过克服险阻，最终登顶了那座高峰。

讲完这段经历后，我告诉我的工作团队：我们的销售目标就像这个高峰，团队中的每个人都是登山者，我们可以通过团结合作和坚持不懈的努力，一起攀登高峰。我们团队之所以成为公司的销售金牌队伍，正是因为大家的奋斗和勇气。今年我们需要在已有胜利的基础上，精诚合作，攀登更高的高峰，取得更大的成功。

小刘通过分享自己的亲身经历，以讲故事、打比方的方式将团队的挑战和目标与登山的困难和顶峰联系起来，激发了团队成员的情感共鸣和动力。同时，这一段描述也使他的述职汇报更加生动有趣，增强了感染力，激发听众的情感共鸣，使他们更容易理解和接受小刘的汇报。

3.6 提建议 / 要资源汇报：如何说，领导才会听得进去你的意见

情境案例

如何争取领导的支持

小明负责了公司 6·18 的促销活动，开始接手这个工作时，

公司拨付的预算额度是 50 万元。随着工作的逐渐开展，小明发现按照这个预算执行难度很大，根本达不到预期的效果，经过测算需要将预算增加到 80 万元才够保证促销的效果。于是，小明对领导说："领导，这个促销项目我的方案都制定好了，为了保证预期效果，需要公司追加预算 30 万元，您看怎么样？"领导一听就不高兴了，说道："小明啊，公司经费是有限的，已经说好了50 万元，怎么能想加就加呢，太随意了吧，你再仔细想想办法，看看如何在不追加预算的情况下保证活动效果。"小明感觉压力山大，该如何争取领导的支持呢？

在执行工作过程中往往需要领导的支持。比如，让领导给予你更多的资源、让领导支持你的方案，当然你可能也和小明一样感同身受：要让领导接受你的建议并给予你必要的资源，这看起来非常困难。

在你看来，由于工作的需要，找领导提建议要资源是理所当然的，毕竟你的出发点是为了把工作做得更好，可是为什么领导就那么难被说服呢？

这时你要意识到：领导和你所处的位置不一样，对于同一件事情，你们的立场、视野、信息、感受以及关注的重点都有很大差异。在你看来理所当然的事情，在领导看来可能就是不合理的要求，那么这时该如何说才能让领导理解你、信任你并接受你的建议呢？建议采取以下四个步骤（见图 3-14）。

图 3-14　提建议 / 要资源的汇报步骤

1. 基于换位思考对领导进行向上管理

你需要站在领导的立场去思考以下问题：

- 针对你所说的事情，他最在意什么？
- 你的目标和他的目标是否有一致的地方？
- 如何把你的目标嵌入他的目标？
- 如何将你的请求翻译给他听，让他意识到你的建议和请求实际上和他的目标是一致的？

比如，在小明的案例中，为了知道领导的关注点和目标，小明可以好好研究一下公司的年度计划和领导在会议上的讲话，梳理公司的经营战略和目标，将自己的小目标和公司大目标之间的交集找出来，把自己的目标嵌入对方的目标，让领导意识到给小明支持有助于实现他的大目标，这样就可以很好地说服领导。

小明在开头可以这么说："领导，我认真学习了您在年会上的讲话，觉得某某目标特别重要，为了实现这一目标，我设计了6·18 促销活动的方案，想请您看看。"

这么说，就是把自己的小目标装进了领导的大目标里。如果你对公司年度计划做足了功课，知道了领导最关注的目标和最在意的事情，具备了翻译双方目标的能力，说服领导接受你的建议并提供支持也就变成一件水到渠成的事情。

2. 做足准备，为自己的方案提供足够多的数据和资料支持

为了说明你的方案可行，你要收集一些比较成功、典型且具有可复制性的案例，让领导意识到这个方案不是你自己瞎想的，而是做了大量的研究。那么，如何找到强有力的支撑材料呢？

通常有以下几种渠道。

第一种，找找行业内的同类企业或主要竞争对手，了解他们针对这个目标是怎么做的以及是怎么做成的。比如，你们的主要竞争对手是如何做 6·18 大促活动的，他们的经费投入情况、业绩情况等。

第二种，用户新动态，也就是还没有在公司内部引起足够重视的、关于用户的新消费行为和趋势。这类信息对越高层的领导越有说服力——在他们不够了解一线用户的情况下，你突然向他们提供了和用户相关的信息，他们肯定会认真听你说，你说话的分量自然就提高了。

3. 提供具体方案并且承诺关键成果

为了说服领导，让他认为给予你支持是值得的，你还需要制定明确的行动方案并承诺关键成果。比如，小明可以这么对领导说："根据以往的经验，结合今年竞争对手公司的最新动态和客户的新变化，我们认为今年 6·18 大促活动要达到预期效果，只做线上工作是不够的，必须开展线下工作。所以，我们想将增加的预算主要投放到线下渠道，一方面调动一线城市 20

个主要经销商的积极性；另一方面加强一线城市 30 家门店的促销力度，这样可以将线下门店的销售额增加 20% 左右，您看可以吗？"

在这里需要强调的是，汇报方案时要注意根据领导的偏好，应用结构化表达的技巧，让他在短时间内迅速抓住你的重点，所以你要想尽一切办法，呈现一个很容易被他明白的方案。比如：能讲故事，就别讲道理；能用 1 页纸说清楚的，就别用 10 页；能用文档说清楚的，就别用 PPT；能用可视化描绘的，就别用文字；能直接说结论的，就先别摆证据；能让他做选择题决定的，就别让他做问答题。

总之，请你牢记这条原则：你能给领导在汇报上做的最主要贡献，就是节省他的时间，解决他的问题。

情境案例

101

说服领导增加培训预算

由于疫情的影响，小明所在公司的工作方式发生了变化，无论内部沟通还是外部联系，几乎都需要利用线上交流平台，让员工参加线上沟通效率提升方面的培训就变得至关重要。但是此时已经接近年底，按照上一年的预算，培训经费只有不到 10% 的余额，而为了提高员工线上沟通能力而增加新的培训需要说服领导增加 10% 的培训预算。

于是，小明向领导汇报说："张总，如果再不着手提高员工线上沟通方面的素质，公司管理会存在更多的问题。昨天开线上会议，您把运营部的部长批评了一顿。其实，类似的情况今年公司已经发生八九次了。还有三次因为员工线上沟通能力的问题，我们跑单了。人力资源部在例行的调查问卷中发现，员工对于这方面的培训需求很强烈，大概有73.5%的员工想在这方面有所提升。另外，我们目前找到了三位老师可以担任培训老师，根据这三位老师的报价以及新产生的培训需求，我们需要增加10%的预算。我查了往年的培训情况，我们在2013年和2017年都有增加培训预算的情况。"

毫无疑问，小明的汇报是成功的，他只用了不到两分钟就说服了领导，下面分析一下他的汇报策略：

第一，列举案例，如因为缺少在线沟通能力导致跑单；

第二，用调查问卷说明员工的真实培训需求；

第三，说明新培训项目需要增加的预算；

第四，增加预算有先例可循。

4. 明确说明需要领导给予的支持

要想让领导信任你和支持你，要求"诉求清晰＋明确预期"，即除了汇报清楚方案，还要明确说明你需要领导给你哪些方面的支持。如果领导有明确的预期，就可以打消他的顾虑，让他乐意帮助你。

情境案例

年中总结会议如何争取领导的支持

比如你准备在部门召开一个年中总结会议，为了鼓舞士气，想请分管领导参加你们部门的会议。那么，你向领导汇报这项工作并邀请他参加时，首先可以从分管领导关注的问题出发，说明邀请他参加这个会议的原因；然后告诉他会议的时间和地点，需要他出席的时间。为了帮他节省时间，你还可以贴心地为他准备好发言的备用稿。

邀请他的时候，你可以说：张总，这个会议的主要目的是想鼓舞大家的士气，想邀请您参与，鼓励大家再接再厉，超额完成年度计划。会议时间是周二下午 2：00-4：00，按照议程，您的讲话将在 2：10-2：20 进行，所以您周二下午还有其他工作的话，只需要抽出 15~20 分钟来参加一下会议就好。为了帮您节约时间，我还帮您草拟了一个发言稿，您看是不是可以来支持一下我的工作？

这样的汇报就是目的明确、诉求清晰，明确了领导的预期，打消了他的顾虑，他不支持才怪呢！

103

3.7 犯错后汇报工作：
如何说不会丧失领导的信任

情境案例

小明犯错了该如何向领导说明

小明是销售部的员工，由于工作疏忽，把订单填错了，影响了公司向客户的正常交货。小明非常着急，但是又害怕如果自己向领导汇报，领导会把他狠狠批评一顿。可是如果瞒着领导，等着客户发现了，肯定会向领导投诉，那样情况就更糟糕了。

于是小明好不容易鼓起勇气，来到了领导面前说："领导，A

客户上周给我打电话要下一个新的订单，我当时正在忙着给 B 客户处理投诉，结果一粗心就把 A 客户的订单搞错了，不知道该怎么办呢？"

领导很不耐烦地问："错在什么地方呢？对 A 客户影响大吗？你准备怎么办？"

小明没有想到领导一下子会问这么多问题，有点接不住了，结结巴巴地说："交货时间我填晚了一个月，可能会导致晚一个月交货吧，我也不知道该怎么办了……"

领导一看更不耐烦了，批评小明说："你总是这个样子，太粗心了，A 客户我们得罪不起啊，你自己想办法解决这个问题吧……"

职场上，难免会因失误、经验不足而犯错，有些错误还会给公司造成一定的损失。碰到这种情况，不要心存侥幸，想着瞒着领导，自己私下解决，也不要一拖再拖，等着领导发现了再去被动汇报。如果发现自己犯错了，一定要毫不犹豫地第一时间向领导汇报。

此时汇报工作要专注于"事情怎么办"而不是"我怎么办"。在向领导汇报的过程中，不仅要展现你解决问题的意识，还要让领导看到你在错误中的成长。具体而言，可以采取如图 3-15 所示的框架汇报内容。

图 3-15 犯错后汇报工作的框架

1. 说明错误

很多人在一开始汇报时由于害怕领导生气，总是想尽可能轻描淡写地描述错误，总是会从事情的背景和起因经过说起，但是这样做会让领导抓不住重点，搞不清楚事情到底有多严重，反而会不耐烦，因此更着急、更生气。

因此，汇报时要直面错误，迅速让领导知道你所犯的错误是什么，而不是从事情的经过说起。如果领导关心细节，他会主动追问，这时你再根据他的需要补充说明即可。

2. 预估影响

在说清楚了自己所犯的错误以后，你再向领导汇报这个错误可能会具体造成什么影响，信息充分的话，最好将影响说得更加具体一些，并说明预估的依据是什么。

3. 提供补救方案

在这种场景下，汇报的主要目的是解决问题，因此你要告诉领导接下来该怎么办，你将如何解决这个问题。比如，你将采取什么样的行动计划来对错误进行补救，预计什么时间可以完成，可能将影响降低到什么程度。在汇报方案时，你可以按照 5W1H 框架组织信息。

如果你想不出解决方案，就可以告诉领导你做过哪些尝试，寻求他的指导和帮助。比如，你可以说："领导，我尝试了方案 A 和方案 B，还是不行，能不能请您给点建议？"

4. 事后复盘

为了向领导展示你是一个善于学习和思考的人，虽然犯了错误，但是你善于将错误作为自己成长的机会，因此你需要告诉领导，这次犯错你学到了什么，未来你还会做些什么以避免日后再次犯同样的错误。

进一步来讲，如果这个错误具有典型性，为了把工作做得更好，你还可以在事后主动写一份复盘文档，通过总结经验和教训为组织萃取经验。

按照以上四个步骤，小明可以这样向领导汇报：

领导，因为我的失误，把 A 客户的订单时间搞错了，本来是这个月交货写成了下个月交货。（说明错误）

按照我错填的订单，A 客户要延期 1 个月才能收到我们的产品。（预估影响）

为了弥补这个错误，目前我计划这样做：第一，和生产部门沟通，看能否提前安排生产，把交货时间提前；第二，如果生产部门不同意，再向 A 客户解释，了解他们的诉求。您看这样合适吗？（提供补救方案）

今后涉及订单的工作，我都会做两次复核，请客户确认后再提交生产部门。（事后复盘）

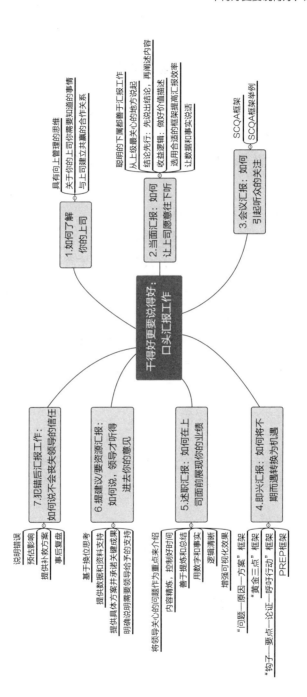

|本章思维导图|

干得好更要说得好：口头汇报工作

1.如何了解你的上司
- 具有向上管理的思维
  - 关于你的上司你需要知道的事情
  - 与上司建立共赢的合作关系

2.当面汇报：如何让上司愿意往下听
- 聪明的下属都善于汇报工作
- 从上级最关心的地方说起
  - 结论先行：先说出结论，再阐述内容
  - 收益逻辑：做好价值描述
  - 选用合适的框架提高汇报效率
  - 让数据和事实说话

3.会议汇报：如何引起听众的关注
- SCQA框架
- SCQA框架举例

7.把错后汇报工作：如何说不会丢失领导的信任
- 说明错误
- 预估影响
- 提供补救方案
- 事后复盘

6.提建议/要资源汇报：如何说，领导才听得进去你的意见
- 基于换位思考
- 提供数据和资料支持
- 提供具体方案并承诺关键成果
- 明确说明需要领导给予的支持

5.述职汇报：如何在上司面前展现你的业绩
- 将领导关心的问题作为重点来介绍
- 内容精炼，控制好时间
- 善于提炼和总结
- 用数字和事实
- 逻辑清晰
- 增强可视化效果

4.即兴汇报：如何将不期而遇转换为机遇
- "问题—原因—方案"框架
- "黄金三点"框架
- "钩子—要点—论证—呼吁行动"框架
- PREP框架

|本章金句|

- 干得好更要说得好，善于汇报工作是打开职场成功之门的钥匙。

- 你和领导是相互成就的，你为领导工作，他为你提供资源和帮助。

- 合理示弱是一种高级智慧。

- 道理并不重要，效果才重要。

- 努力未必能产生价值，只有结果才有价值。

- 述职汇报不求完整，但求亮点突出，而有价值的亮点就是要能够解决领导最关心的问题。

- 你能给领导在汇报上做的最主要贡献，就是节省他的时间，解决他的问题。

学习完后请总结你的三点收获。

1. _____

2. _____

3. _____

请制订你的三个行动计划。

1. _____

2. _____

3. _____

第 4 章

清晰明了地展示工作成果：书面汇报工作

- 沟通痛点：不善于使用微信和邮件汇报工作，发出去的信息得不到领导的及时回复；花了大量时间和精力准备项目汇报和年度汇报材料，写完后自己不满意，也得不到领导的认可
- 知识点：掌握在不同情境下书面汇报工作的框架与技巧
- 学习效果：高效使用微信和邮件等工具进行书面汇报，写好项目汇报和年度汇报材料，让领导看到你的工作进展和成效
- 应用场景：微信汇报、邮件汇报、项目汇报、年度汇报

　　作为职场人士，你是否发现书面汇报工作比口头汇报工作难度更大？花了很多时间写材料汇报工作，写完后却发现要么缺乏清晰的结构，要么不知道该如何准确表达自己的观点，要么没有明确的重点或者遗漏了关键信息……

　　你发微信或邮件向领导汇报和请示工作，微信或邮件发出去以后，心里是否忐忑不安？担心领导看不明白，担心领导不满意，担心领导不回复……

　　应对以上场景，你需要学会用好结构化汇报进行表达。本章

我们将从微信汇报、邮件汇报、项目汇报和年度汇报等高频汇报场景说起。

4.1 微信汇报：如何三言两语说清楚情况

由于微信在工作中的普及应用，很多时候我们需要用微信向领导汇报工作，现在先请你看看下面的沟通情境。

情境案例

该如何回复领导对工作的交代

小白在一家互联网公司上班，负责女装产品的运营工作，刚刚忙完6·18的大促活动还没有喘口气，又要开始准备7月的店庆活动，每天都有回不完的信息和接踵而至的任务，恨不得一个人当两个人用。有一天，领导在微信群里@小白问："盘点一下A品牌的库存，看看是否够7月店庆活动冲榜？"当时小白正在忙着和客户沟通营销方案，于是随手在微信群里回复"好的"。没过多久，领导就在群里@小白，批评他说："'好的'是什么意思？你是收到了还是没有收到？你理解了吗？你的'好的'是多久？这一点基本回复礼仪都没有学好，你上什么班？"群里谁都不敢吭声，小白一看委屈地哭了。

看到小白的经历，我想请你回忆一下，当领导给你发微信安排工作时你是如何回复的？难道一个"好的"不够吗？这里是小白的问题吗？

1. 回复领导，用"何时做＋何时反馈＋如何反馈"的结构

面对领导通过微信交代工作或客户通过微信咨询，切忌给领导或客户的回复太简单，如"收到""好的"这样的回复过于随意，不能体现出对客户和领导的重视与尊重。

文字是能够传达情绪的，如果你传达不到位，容易让对方产生误会。比如在小白的这个场景中，领导在群里给小白交代了工作，小白回复"好的"，给领导的感觉是小白略带不耐烦、不想多聊。由于领导看不到当时小白正在忙其他工作，他得到这种回复只会有一种被怠慢的感觉，认为没有受到下属的足够尊重。而且领导既然给小白安排了工作，就等着小白回复，看到小白回复了"好的"，但是没有下文，这时他就会很不放心，心想：你到底只是收到了信息还是已经去办了呢？我要等到什么时候你才能给我答案呢？特别是当领导对交代的事情比较看重、比较着急的时候。所以为了向领导和客户表示尊重和重视，当领导通过微信安排工作或客户通过微信咨询问题时，一定不能只是简单地回复"好的"或"收到"，回复的内容应该包括什么时候做、什么时候回复、如何回复等内容。

比如前面的案例，小白可以回复说："好的，领导，我正在和 A 客户谈营销策划的问题，一结束我立马去查询，争取午饭前向您回话，并把具体数据发给您。"领导看到这样的回复就不会产生不必要的误会了。

2. 给领导汇报工作不能发语音信息

在微信上汇报工作时，一定不能向领导发语音信息，这是

111

因为：

（1）语音没有文字直观。文字信息不仅一目了然，方便识别，而且便于搜索。

（2）收听语音受环境影响。如果对方正在开会或正在专心工作，发送语音将难以得到回复，有可能降低工作效率。

（3）发音不准确，影响沟通准确性。

因此，训练有素的职场人士在工作中是不会随便发微信语音信息给别人的。

3. 用微信汇报工作用好结构化表达，让领导快速理解

微信汇报的特点是用最简短的文字内容，将汇报内容表述清楚，成功的关键是通过简短的文字表达，传递重要信息，快速抓住领导的注意力。要让领导迅速理解要点，信息的结构尤为关键，在此建议用的结构化汇报技巧包括：善用标题、要事优先和事实支撑。

（1）善用标题。在汇报工作时用（1）（2）（3）的方式列出小标题，可以让领导一看就明白。比如，领导在微信中问你某个新产品上市第一个月的销售情况，你想说的是"通过店铺渠道卖出了 3000 件，天猫平台 2000 件，直播电商 1000 件"，为了便于让领导理解，可以加上小标题：（1）店铺销售：3000 件；（2）天猫平台：2000 件；（3）直播电商：1000 件。这样重点信息就会一目了然。

（2）要事优先。按照结构化表达的"主题明确"原则，将核心结论在一开始就和盘托出，再说原因和依据。

比如，你向领导汇报新的品牌策划方案，开头可以先把方案的核心观点写出来：根据调查发现，如果采用我们的新媒体运营方案，可以在 6 个月之内增加客户数量 20%，市场份额提高 5%。说完关键结论后，再来阐述具体的做法和计算依据，这样让领导在最短时间内知道工作汇报的核心内容。

（3）事实支撑。写书面汇报时要检查是否有足够的事实支撑你的观点。比如，你的关键结论中提出可以增加客户数量 20%，领导看到这个结论后就会质疑这个数据是如何得到的？依据是什么？那么，在后面你可以列出事实，比如通过对消费者获取信息来源的构成分析得出这一结论，这样就给了领导足够的判断依据。

4. 按照"是什么 + 为什么 + 需要什么"的结构向领导请示工作

用微信向领导请示工作时，需要得到领导的回复，一定要通过清晰的结构让领导一看就明白，并且知道你的诉求，此时建议使用"是什么 + 为什么 + 需要什么"的框架（见图 4-1）。

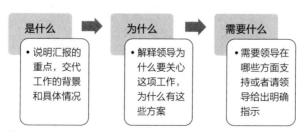

图 4-1　微信汇报工作的框架

下面通过一个具体的案例说明这个框架的应用。

情境案例

用微信请示工作

小明是项目经理，计划明天下午开一个项目的中期总结会议，他想邀请部门主管参加，于是他向主管发了以下的微信信息：

> 刘总您好！明天下午3点我们要开一个项目中期总结会议，想邀请您出席，您有空吗？

小明发出信息后，很长时间都没有得到对方的回复，这是为什么呢？

对照一下上面的汇报结构就会发现，小明的这条微信存在以下问题：第一，为什么要开这个会议？第二，为什么需要刘总参加？第三，如果刘总参加，需要做什么？需要多少时间？

由于这些关键问题都没有说清楚，刘总不回复也是情理之中的。

小明想清楚以后，给刘总发了以下的微信：

> 刘总您好！请问您【明天下午3点】有空吗？1.品牌提升项目进行了3个月，按照预定的目的已经过半，为了提升士气并保证后面的执行进度，拟在公司【501会议室】召开一个项目中期总结会议，想邀请您出席来帮大家鼓鼓劲，可以吗？2.知道您工作很忙，如果可以，您只需要抽出【10分钟的时间】来简单做个前期总结鼓励一下大家，我草拟了一个发言稿供您参考。3.【请您确认是否可以来参加我们的会议？】感谢您的大力支持

这样的微信汇报就明确多了，小明很快得到了刘总的回复。

4.2 邮件汇报：
如何一目了然，重点突出

很多人认为现在经常用微信沟通工作事宜，用电子邮件进行工作汇报就没有必要了。这是个误解，事实上邮件作为正式的书面汇报工具，在工作中仍然高频使用。几乎所有职场人士都拥有自己的邮箱，它是工作和生活的必备工具。因此，不会用邮件做工作汇报的人，往往会遭遇职场天花板。

艾瑞咨询相关数据显示，70% 以上的用户把邮箱当作重要工作工具，方便资料存档。与微信等即时通信软件相比，邮件作为非即时沟通工具，允许用户有一个时间差，既可以选择快速沟通，也可以在深思熟虑后再回复。现在的社交软件发送和接收的信息是碎片式的，但是电子邮箱却能把内容整合起来，通过文字、图片或视频等完整表达，并且可以附上超大容量的附件，便于查阅和储存。

在工作中，邮件的使用频率有多高呢？据统计，职场人士不仅每天查看邮件，而且全天实时查看，人均每天查看次数高达 15 次，查看邮件的场景基本为碎片化的时间段。比如 Radicati 公司（这是一家位于美国加利福尼亚的市场研究公司）出具的报告数据显示：

- 69% 的人在看电视时查看邮件；
- 14% 的人在开车时查看邮件；
- 6% 的人在婚礼或毕业典礼等正式场合查看邮件；

115

- 34% 的人在散步或走路途中查看邮件；
- 32% 的人在吃午餐时查看邮件；
- 18% 的人在与他人谈话时查看邮件；
- 32% 的人在上班通勤时查看邮件；
- 54% 的人在床上休息时查看邮件；
- 43% 的人在上厕所时查看邮件。

考虑到邮件的沟通特点和读者的阅读场景，与其他书面汇报工具相比，用邮件汇报工作时，主题明确、言简意赅、重点突出就显得更为重要。

1. 用邮件汇报的工作场景

（1）重要的、需要留存的内容。比如你从事销售工作，年初你的上司承诺如果今年超额完成销售任务，年终奖将比去年翻一倍。如果你担心到年底自己完成了业绩后上司因为各种原因不兑现年初的承诺，到时候再去问他，由于是口头承诺，他未必承认，这样双方都会尴尬，那么这时邮件就派上用场了。

此时比较好的做法是，在你们谈话结束后，你以感谢的名义写一封邮件给他。在邮件中不妨这么说：

感谢领导对我的信任，把如此重要的任务交给我，而且承诺在完成任务后给我双份的年终奖。我一定努力完成任务，不辜负您的期望和栽培。

这时只要上司没有在邮件中否认你的话，他就是默认了你说的一切。

　　类似地，如果你在口头汇报工作时给了你的上司三个备选方案，上司很犹豫，勉强地选了第三个方案。汇报结束后，如果你担心自己是否正确领会了上司的意思，并且想知道上司是否还有其他想法，你可以给上司写一封邮件。

　　邮件可以这样写：

　　根据周二向您的汇报，我的理解是您认为我们按照方案三来解决项目中存在的问题，请您确认我的理解是否正确？您是否还有进一步的指示？

　　由于邮件留存方便，如果你善用邮件汇报，就可以很好地保护自己的权益。

　　（2）重要的讨论结果。在项目的执行过程中，团队或部门经常需要组织各种会议进行讨论，并协调工作进度，为了记录会议上大家都讨论了什么内容、有什么结论、哪些议题没有结论等内容，此时最好在会议结束后及时写一份会议记录或会议备忘录，并将其以邮件形式群发给相关人。这样做，一方面便于记录和存档；另一方面便于没有来参会但是需要知道会议内容的利益相关方知晓会议内容。

　　养成这样的沟通习惯既能提高会议的沟通效率，也有利于让大家同步对现有工作进度的理解，并且明确后面要开展的工作。毕竟在会议上议而不决、决而不行是低效率组织的通病，而及时发送邮件给大家，就可以从流程上降低这种问题发生的概率。

　　如果你加入组织时间不长，建议你主动承担写这个邮件的工

117

作，这样做的好处在于：第一，让领导和其他同事关注到你；第二，写邮件的过程也是一个思考和复盘的过程，可以帮助你从不同的视角通盘考虑问题，更加快速地熟悉部门的工作和分工。

为了写好这个邮件，下面提供了一个会议记录的写作模板（见图4-2），供你参考。

```
                    关于***的会议记录
     会议日期：
     会议时间：
     会议地点：
     出席人员：
     缺席人员：
     会议议程：
     开场和介绍
     议程项1
     讨论内容1
     决定事项1
     负责人：[姓名]
     截止日期：[日期]
     议程项 2
     ……
     会议讨论要点：
     [要点1]
     [要点2]
     ……
      行动事项：
     [行动事项 1] - 负责人：[姓名] - 截止日期：[日期]
     [行动事项 2] - 负责人：[姓名] - 截止日期：[日期]
     [行动事项 3] - 负责人：[姓名] - 截止日期：[日期]
     ……
     下次会议日期：[下次会议日期]
     下次会议议程：
     [议程项1]
     [议程项2]
     [议程项3]
     ……
```

图 4-2 会议记录的模板

（3）告知重要事情。比如向上司汇报工作的进度、下一步工作计划等重要信息时，即使已经发过微信或口头告知了，也需要用邮件进行书面说明，这样既显得正式，也能够保证信息的准确传递，还有助于存档。对客户、下属或者同事也是如此。

2. 用邮件汇报工作的要点

（1）简要清晰地说明邮件目的。很多人读邮件通常是扫一眼内容，看不到自己觉得特别重要的事情，就会跳过去不看。所以用邮件进行书面沟通，必须清晰地把自己发邮件的目的说清楚，比如："您能不能推荐我这次晋升""你能不能分享一下你的实验数据"或者"我建议你去找某某机构，了解如下信息，然后做如下工作"等。

情境案例

多个附件情况下如何写邮件

领导指派小明对 A 投资项目进行考察，考察完毕后，小明通过邮件向领导进行工作汇报。

这样发送邮件给领导是很不合适的，因为没有考虑到领导的需求，没有通过简短有力的表达帮助领导节约时间，毕竟很多时候领导不会有空也没有耐心打开附件逐一研读，寻找所需要的信息。

为了帮助领导节约时间，加快决策进程，小明优化了邮件内容：

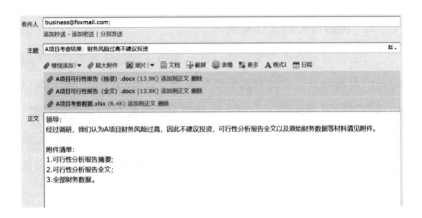

（2）一封邮件讲一件事。一封邮件最好只讲一件事，如果是好几件事，就用多封邮件。

这个原则对邮件汇报来讲至关重要，但很多人意识不到，这是由我们今天的工作方式决定的。

你可能会有这样的经历：常会有人从中间加入某一个话题的讨论，或者需要把邮件转发给第三方。如果一封邮件讨论了三个话题，加入进来的人只是参加第二个话题的讨论，第一和第三个话题的内容让他看到就是多余。

如果一封邮件有好多主题，大家难免会扯到其他主题上，造成不必要的发散。而且，如果工作邮件需要保留，每一个主题一封邮件更便于管理和查找。

（3）按照"结论—问题—原因—总结"的框架组织邮件内容（见图4-3）。

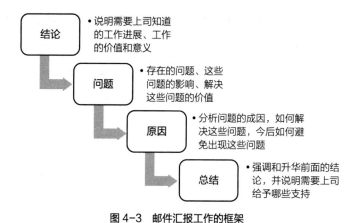

图 4-3　邮件汇报工作的框架

下面是一个按照以上框架撰写的邮件，供你参考。

举例

按照"结论—问题—原因—总结"的框架写邮件汇报工作

邮件主题：A 部门的工作汇报及建议

尊敬的刘总：

　　这封邮件是向您汇报最近的工作进展，并提出一些建议以便改进我们的工作流程。以下是我总结的情况：

　　我们在最近的项目中取得了令人鼓舞的进展，并成功按客户的要求准时交付。这是我们团队的一项重要成就，值得庆祝和肯定。

（结论部分）

　　然而，我也发现了一些潜在的问题，可能会对我们未来的工作产生影响。具体来说，我们遇到了以下几个主要问题。

　　1.人力资源分配不均衡。由于一些成员需要同时参与多个项目，导致某些任务的分配不均衡。这可能会影响我们的工作效率和质量。

2.沟通和协调困难。由于项目成员分布在不同的地理位置，我们面临沟通和协调方面的困难。这可能导致信息传递不畅和决策延迟。

（问题部分）

在分析了以上问题后，我发现了一些可能的原因。

1.缺乏人力资源规划。我们没有进行充分的人力资源规划，导致无法合理分配资源以满足不同项目的需求。

2.没有明确的沟通渠道。我们缺乏明确的沟通渠道和工具，这使得团队成员之间的信息交流和协作受到一定的阻碍。

（原因部分）

为了解决上述问题，我提出以下建议。

1.人力资源优化。我们需要进行更精确的人力资源规划，确保每个项目都有足够的资源支持。这可能需要重新评估项目的优先级和资源需求。

2.沟通和协调改进。我们应该建立明确的沟通渠道和工具，以促进团队成员之间的高效沟通和协作。这可能包括定期的团队会议、使用协同工具等。

（总结部分）

我希望能得到您的反馈和指导，以便改进我们的工作流程并进一步提升团队的绩效。非常感谢您的支持和关注！

（4）用小标题降低读者的阅读难度。为了方便读者阅读邮件，如果正文涉及内容较多时，要善于使用小标题进行导读。在时间有限的情况下，读者通过扫描小标题不仅能迅速了解邮件内容，还能快速查找自己需要的内容。

在拟定小标题时要注意结构平行，比如下面的一组小标题就不符合要求：

①节日主题营销；

②开展网点沙龙活动；

③邀请社区商户赞助活动。

之所以说这三个小标题结构不平行，是因为第一个是名词短语，第二个是动宾短语，第三个是句子。

动宾结构是人类语言中最有影响力、最有号召力的结构，因此小标题最好采用动宾短语。

上面的一组小标题可以改为：

①策划节日主题营销；

②开展网点沙龙活动；

③争取社区商户赞助。

（5）通过简单大方的格式让邮件易读。职业化的邮件一定是简单大方的，尽量少用不同的颜色、大小、字体、排版，更不要用背景图甚至背景音乐。

工作邮件中的所有内容建议统一颜色、大小和字体，并只用三种方式来排版：分段、缩进和加粗。其中，分段体现的是内容的逻辑，缩进体现的是层次关系，加粗是为了突出重点。

（6）选择合适的发邮件时间。考虑到管理者每天会收到大量邮件，为了保证你的邮件能够在第一时间被读到，最好不要下班

123

前发邮件，否则你的邮件可能会被埋没在一大堆邮件中。

建议留意一下你的上司看邮件的习惯，然后在他通常看邮件的时间发给他。

4.3 项目汇报：如何系统复盘成果

1. 项目汇报的目的：用主动汇报管理上司的预期

在项目执行过程中，主动定期汇报不仅有利于增强上司对项目的掌控感，也可顺势而为对上司的预期进行管理。具体而言，主动汇报具有以下三重意义。

（1）结果预期管理。接到任务时，要反复确认：这个工作在什么时间做到何种结果？最后的结果是什么？在项目进程中，我们要尽可能多地整理好数据，通过数据把关键结论分享给上司，如竞争对手的情况、历史数据等，帮助上司建定合理预期。

（2）过程预期管理。关键节点的汇报，不仅能让上司觉得项目在有条不紊地开展，有明确的时间轴，还能让他认为你做事有计划性，很靠谱。过程预期管理的核心是让你和上司之间的信息透明化，建立一套可靠的汇报机制。定期汇报围绕关键节点主动进行。

（3）风险预期管理。遇到影响范围大、可能对结果产生副作用的问题，你要及时向上反馈。如果遇到问题拼命自己扛着，就算费了九牛二虎之力搞定了也不是聪明有效的方式，而且如果最

124

终因解决不了问题导致影响结果，上司会质问你为什么不反馈。提前把问题和风险摆出来，寻求帮助，获得资源和协作，比产生问题之后再弥补要强得多。

2. 项目阶段性汇报的结构

阶段性汇报包括周报、月报、季报等，由于周报最为高频，下面以周报为例说明如何进行阶段性汇报，其他的阶段性汇报参照周报的写法。

（1）周报价值。

- 对领导的价值——向上管理的重要手段。

这是因为：第一，你可以在周报中通过系统性总结历史工作内容，让领导看到你的工作价值和产出；第二，你可以在周报中进行个人思考和未来计划，让领导看到你的工作能力和潜力；第三，你可以在周报中同步风险点，向领导传达困难和解决办法，做好信息同步和争取资源支持。

- 对自己的价值——自我复盘成长的重要工具。

撰写周报不仅有利于帮助自己回顾目标，重新审视过去的工作思维和行为，还有利于帮助自己从执行细节中跳出来做复盘总结。这也是你对工作进行自我校准的机会。

- 对组织的价值——提高自身战略透明度。

一般来说，你的周报，不仅你的直接上司会看到，公司的其他同事也会看到，跨部门的领导也有可能看到，它有利于你向直属领导之外的利益相关方展示工作业绩与思考能力。会写周报的人在组织里的战略透明度也就更高，工作更容易开展且更容易得到别人的认可。

（2）撰写周报的核心原则。即使周报是一种常态化的书面工作汇报，在撰写时也不能掉以轻心，建议按照以下原则确定周报的内容：

- 站在领导的角度，根据他关注的问题确定周报撰写的内容；
- 重点围绕任务进度是否符合预期、存在的困难和相应的处理方案、风险是否可控等问题进行汇报；
- 不要写成了流水账，要系统总结背景、进度、成果、影响等。

（3）撰写周报的推荐模板（见表 4-1）。要想把周报写得又快又好，你可以带着固定框架去写作，找到了合适的固定框架，写周报就不是临时搞创作，而是做好填空题。由于周报是你对每周工作的总结，周报的写作框架就是你以周为单位、推进工作的核心思路。

这里先给你一个撰写周报的万能公式：

周报 = 复盘目标 + 经验总结和问题分析 + 下一步行动

表 4-1　撰写周报的推荐模板

复盘目标（对齐阶段性目标，同步截至本周阶段性目标完成情况）	目标：包括 KPI 或 OKR
	完成度：＿＿＿%
	当前进展：把总目标拆解成几个关键任务，用子任务作为完成度的支撑和依据 举例： 任务 A——完成调研，下周启动评审； 任务 B——已经完成。

（续）

复盘目标（对齐阶段性目标，同步截至本周阶段性目标完成情况）	风险点：抛出风险和问题，需要什么支持 举例： 研发人力不足，项目有逾期风险，下周约了人力协调的专项会（同步此信息，暴露问题的同时希望领导参加这个会议）。
经验总结和问题分析（突出自己在工作中的思考，获得哪些成长，让领导看到你的潜力）	1. 做得好的地方，经验总结 举例： A 项目推进中，花了较多时间和市场部同事沟通，找到了双方合作共赢点，这周 A 项目落地推广过程中，市场部同事给了很多帮助，项目完成度超预期。 经验总结：未来的跨团队合作项目，前期花更多时间在价值探讨上，找到双方共赢点，后续推进就会更顺利。
	2. 做得不到位的地方，分析问题和原因 举例： 本周设计项目 B 的产品方案时，由于时间紧，压缩了用户调研阶段的时长，进入产品设计环节后，发现很多细节考虑不周，需要重新调研，反而拉长了项目周期。 反思：后续要明确哪些环节是项目关键点，对关键环节不能压缩时长。
下一步行动	明确到具体可执行的点，用清单方式写 举例： 完成项目 A 的产品功能设计，给出需求文档； 完成项目 B 的复盘总结，在组内组织复盘会。

（4）周报的写作要点。

◎ 第一部分：复盘目标

这部分的写作要点是不要只说干了什么，而是从目标出发，说明本周工作的完成情况，即先告诉领导，他布置的目标完成得怎么样了，是实现了、超出了还是没达到。

举例

小明负责公司周年庆活动的筹备，他在周报中复盘本周工作情况是这么写的：

"在筹备公司周年庆活动中，我从 6 个备选场地里确定了场地选址，邀请了 6 位嘉宾，还调整了一版活动方案。"

这种写法缺乏连贯性，只说自己干了什么，却忽视了本周原定的工作目标。

如果从目标出发，可以这样调整：

按照计划，本周按时确定了场地，邀请参会嘉宾的工作有所延迟，原计划邀请 6 位，但是目前只有 2 位给了确定的答复。根据领导的最新要求和场地情况，我更新了活动方案，已经得到了各方的确认通过。

这样的写法就不仅包括了"干了些什么事情"，还附上了每个目标的完成程度。领导一看就知道，哪些是按照计划执行的，哪些需要重点关注。这就是在提升工作的透明度。

◎ 第二部分：经验总结和问题分析

本周工作出色的部分，我们可以总结经验，干得不尽如人意的地方，要及时分析问题，提出改进方案。

在分析问题原因时，最容易出现的问题就是言之无物，写的都是正确的废话，却解决不了问题。

举例

　　小明在周报的这个部分是这么写的：

　　"我在推进活动中缺乏思考和反复比较，以后要多思考、多学习，才能不断精进。"

　　这样的分析就很空洞，放到任何人身上都是适用的，不能解决具体问题。应该结合具体事情写实、写落地。

举例

　　小明在总结寻找场地的经验时，是这么写的：

　　"以前公司举办类似活动时找场地花的时间一般在 1 个月左右，而这次之所以只用了两周时间是因为我们在寻找场地前清晰地梳理了对场地的需求，按照 3 个标准列出了对场地的要求，因此可以在备选场地里快速筛选出合适的场地。"

　　这样写，就展现出在工作中善于萃取经验，通过沉淀经验，后面的同事碰到类似问题就可以直接复制这条经验。

129

举例

　　针对没有完成的目标，小明也有针对性地分析了原因，他是这么写的：

　　"这周没有落实参会的 6 位嘉宾，是因为公司庆典日恰逢年底，嘉宾的日程安排都比较满，因此拒绝率比较高，按照目前的邀请标准，很有可能无法邀请到 6 位合适的嘉宾。"

◎ **第三部分：下一步行动**

　　这一部分从目标出发，说明为了完成目标，下周计划做什么。

按照清单，应该包括的内容有：

- 上周没完成的工作；
- 这周可以推进到下个阶段的工作；
- 这周新增的工作。

如果是同时负责几个项目，也可以以项目为单位分别总结以上内容。

举例

还是以小明为例：

上周没完成的事是嘉宾邀请，他写的是："下周提出 3 个新的嘉宾邀请思路，列出相应的备选名单，和领导确认后，继续推进嘉宾的邀请工作，完成 6 位嘉宾出席的目标。"

可以推进到下个阶段的事是场地，他写的是："场地确定了，下周可以完成场地布景的设计方案，提交给领导和客户确认。"

下周新增的工作是宣传方案的制定，他写的是："上周沟通中，场地方承诺，可以给我们多提供 12 块户外广告牌，下周要给出相应的统一宣传方案。"

4.4 年度汇报：如何体现自身价值

1. 年度汇报：在组织中提升个人信任度的最佳机会

到了年底，不管你担任何种职务，都要写年度总结，然后向上司和下属进行口头或书面的年度汇报。很多人认为年度汇报年年写，无非走个形式，捋一捋这一年做的工作，大致总结一下就可以了。事实上，年度汇报会直接决定你在上司和下属心中的形象，影响到上司对你的评价，并对你未来的晋升产生至关重要的影响。

（1）在准备年度汇报时，我们要克服认知上的三个误区。

◎ 误区一：平时工作做得好就行，年度汇报就是形式主义

一定要克服"聚光灯效应"，千万不要认为自己每天的辛勤工作每个人都会看到，无须多言。干得好也要说得好，不要忘了前面我们总结过：你 100% 服务于你的上司，而上司在你身上花的时间只有 3%。一年到头，你兢兢业业工作，到了年底一定要通过年度汇报将自己的成绩呈现在上司和下属面前，通过这个机会提升自己在组织中的信任度。

◎ 误区二：年度汇报是为了应付领导

131

认为年度汇报就是个走过场的事情，随便写几句应付领导就好。有个朋友是某公司高管，他就曾经和我吐槽说：他的下属工作很有能力，但是到了年终写的年度汇报却很不怎么样，搞不懂他的下属究竟是能力问题还是态度问题。

这种职场人士没有弄清楚写年度汇报的目的，认为写汇报就是完成任务，领导不会太在意。实际上，领导倾向于通过年度汇报综合评价下属的工作表现，此时下属应该有向上管理的思维，将自己的工作和领导的关注点紧密联系。

◎ 误区三：事无巨细都写，记流水账

作为职场人士，你要牢记领导更加关心的是你的工作成果

而非过程，写成流水账的形式并不会让领导觉得你工作辛苦，反而会觉得你碌碌无为，甚至认为你缺乏基本的总结与概括能力。你要在年度汇报中将自己在工作中的感性认知上升到理性的规律性总结，让领导通过阅读你的年度汇报了解到你的分析能力。

（2）正确认识年度汇报。年度汇报应该达成的目标包括：

- 这一年工作投入和产出是否成正比？
- 你的工作是否有利于实现组织的大目标？
- 你的工作业绩如何？
- 你是否得到成长？

因此在写年度汇报前，你需要问自己：

- 你如何定位自己的工作？你的工作与组织大目标的关系是什么？
- 你是否完成了规定的任务？业绩如何？
- 工作中你有什么经验可以总结？
- 如果你没有完成任务，没有完成任务的原因是什么？
- 你对明年工作的展望与计划是什么？

2. 年度汇报的撰写框架

年度汇报是以价值为导向的结构化表达，是本年度价值衡量和来年价值创造的预估，是以未来规划的视角审视现在的工作。

未来规划应以发展为导向，系统化思考，专题性推进。

以发展为导向就是明确未来的发展目的，习以为常的职能工作未必符合未来发展的要求，需要审视目前工作和未来战略的匹配。

系统化思考是从系统关联的角度寻找公司核心的问题，特别是落到本部门的核心问题。

专题性推进是将本年工作完成的情况和未来的蓝图构建之间建立关联，思考做得好下一年会有什么业绩、风险点是什么、如何控制。

年度汇报的常用结构包括三段式、四段式、五段式，如图 4-4~4-6 所示。

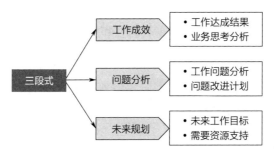

图 4-4　年度汇报的三段式结构

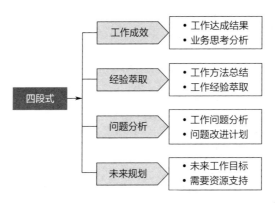

图 4-5　年度汇报的四段式结构

133

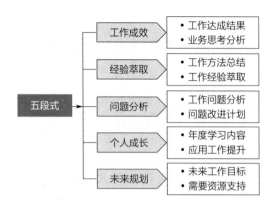

图 4-6　年度汇报的五段式结构

以五段式为例，每部分撰写内容和要求如图 4-7 所示。

134

工作成效：［结论先行］
• 全年任务完成情况［突出重点、完整全面、层次分明］
• 取得了哪些关键成果［数据支撑、论点充分、关注价值］
• 围绕工作使命，分析为公司创造的价值

经验萃取：［总结方法］
• 提高了什么效率，优化了哪些流程/工作方法
• 萃取出哪些经验，为公司发展带来什么效果

问题分析：［侧重解决］
• 工作中面临哪些挑战/问题
• 分析问题产生的根本原因
• 提出的解决措施/方案［要落地且有针对性］

个人成长：［关键工作］
• 个人年度学习内容及收获，应用在工作上的效果
• 管理者要增加团队成长的情况，包括团队管理、团队成员能力

未来规划：［服务战略］
• 工作规划内容围绕公司战略，量化工作任务
• 制定初步评价指标［如：客户、财务、流程、运营、学习指标等］
• 需要领导给予的资源或支持

图 4-7　五段式年度汇报的撰写内容与要求

3. 年度汇报的撰写技巧

（1）站在上司的角度思考：你为公司创造了什么价值。如果只站在自身角度写年度汇报，大多数人就会回顾自己完成了哪些工作，达成了哪些效果，这种写法站位不高。如果站在上司的角度，年度汇报的内容应侧重于回顾你今年的工作为公司创造了哪些价值，具体包括以下内容（见图 4-8）。

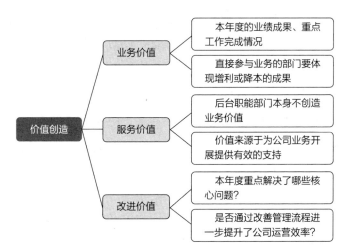

图 4-8　年度汇报中体现价值创造的思路

以价值创造为导向是具备向上管理思维的体现，上司更希望通过年终总结看到员工的工作是否为公司创造了价值。具体的价值创造包括以下三点。

第一，业务价值。它包括本年度的业绩成果、重点完成工作的情况，对于直接参与业务的部门，要强调增利或降本上的成果。

135

第二，服务价值。后台职能部门不创造业务价值，其价值来源于为公司业务开展提供有效的支持；集团总部的服务价值体现在是否为下属公司提供必要的支持服务。

第三，改进价值。本年度重点解决了哪些核心问题？是否通过改善管理流程进一步提升了公司运营效率？

特别是那些非业务岗位，如人力、财务、办公室等岗位的员工，从事的多为事务性工作，内容比较琐碎而且每年工作内容也基本一致，很难拿出具体的业绩指标来说明自己的工作情况。从事这类岗位的员工在写年度汇报时最头疼的事情就是如何写出新意？如何体现自己的工作价值？

我的建议就是将自己的工作情况与单位的年度大目标挂钩，这样即使你的工作内容年复一年没有太大的变化，也能体现在不同的现实背景下，你的工作重点和实施计划也是不一样的，还能体现虽然你从事的是日常性工作，但是你善于思考，能够在服务于组织大目标的前提下做好本职工作。

情境举例

办公室的办事员该如何写年度汇报

比如你是某公司的办事员，主要负责公司文件材料的管理、办公用品的采购和公司档案管理工作，很明显，这样的工作每年几乎都一样，要是不善于思考，很可能就把年度汇报写成流水账。但是按照将个人工作内容和组织大目标联系的思路，这时你就可以在梳理公司年度工作报告的基础上，找出公司每年的工作重点，并将这些工作内容和工作重点挂钩。虽然工作内容一样，但是在组织年度目标不一样的情况下，工作重点是有差异的。

假如你注意到总经理在公司年度工作会议上的工作报告中指出今年在不确定性增加的大环境下，公司的工作目标之一是提升管理效率，那么在做年度汇报时，你可以按照以下思路写作：

今年是公司的组织管理效率提升年，按照这个基本目标，在我的工作中实现了以下三个优化。

- 文件材料流转流程的优化，文件流转速度由以前的平均 5 个工作日减少到 4 个工作日。
- 办公用品采购流程的优化，采购成本比去年降低了 8%。
- 档案管理的流程优化，服务档案应用需求的响应时间由去年的 3 个工作日缩短到 2.5 个工作日。

有没有发现，这样写年度汇报，即使你从事的是日常事务性工作，仍然能做到每年都不一样，由于与组织大目标挂钩，也能体现你的工作价值。

137

（2）体现工作亮点。工作亮点可以从事实增量、价值增量和方法增量等方面来提炼。

◎ **总结事实增量**

总结事实增量可以从新目标、新事件和新成果三个维度入手。

- 新目标

根据公司的年度工作目标调整，比如同样是做采购工作，公司去年工作重点是合规化，今年是降本增效，那么你上一年的工作目标可能是规范化，今年的目标就变成了降本增效。

- 新事件

如果是同一个目标，需要总结与往年相比，今年为了达成目标做了哪些新的工作。比如同样是拓展客户，以前主要是通过拜访潜在客户的方式，而今年是在线上举办了几场有影响力的直播活动，有效地吸引了潜在客户。

- 新成果

同样是招聘新员工，去年年度汇报写的是"招聘了10名新员工"，今年如果也是招聘了10名新人，那么在写年度汇报时可以细化成果。比如，"今年招聘了10名新员工，与去年相比，结构上有所优化，具体体现在今年公司第一次招募到来自985名校的应届毕业生3名，并与10所知名高校建立了新的联系，为以后充实人才队伍奠定了基础。"

◎ 提炼价值增量

在这里，你需要和公司战略目标对齐，思考你完成的工作有哪些有利于公司战略目标的落地？解决了公司领导层关注的什么问题？你的工作除了完成自己部门的任务，还有没有给其他部门带来正面影响？

比如，同样是写优化公司报销流程，"将报销流程由原来的6个步骤缩短为4个步骤"是事实层面的信息，这时可以补充价值层面的内容：优化流程后，可以让原来的每笔报销业务流程由以前的平均用时2天缩短为1天，按照公司每年有4000笔报销业务计算，可以让员工在报销方面减少时间约为4000工时，节约管理成本约为20万元。

◎ 总结方法增量

总结方法增量，即你给组织提供了什么新方法和新经验。过去一年，你积累出了什么样的好经验，可以给其他团队借鉴，提高组织效率。具体的写法可以采用"新旧对比法"：先描述旧的做法有哪些问题，再来强调新做法的好处。

（3）业绩导向，直接用数据和事实说话。不要说在什么时间段做了什么，而是根据领导最关心的目标，按照目标罗列自己的工作成绩，和领导对齐不是"你干了什么"，而是你如何帮助他实现了目标。

要牢记年度汇报最重要的一点就是罗列 KPI 和关键成果，要列出这一年来关键指标的完成情况，也就是那些能够证明你的价值并帮你升职加薪的数据。

比如，如果你的岗位是人力招聘专员，总结自己业绩时，写"在过去的一年中，我打了 1000 个面试邀约电话"就不如写"我为公司成功招聘了 100 人，入职率 50%，直接带来了 5000 万元的销售额"。

又如区域销售经理向销售总监进行年度汇报，不要写从几月到几月做了什么工作，应该写的是：目标完成情况（公司下达目标是多少？年底是否完成？）、客户体验的情况（拿出能够反映客户体验方面的数据，优化客户体验的活动）、销售能力（说明现有销售团队情况，在提升销售能力方面的举措和效果，下一步计划等）。

具体而言，如果不知道如何明确量化绩效考核指标，你可以从对公司的价值、对客户的价值和对自己的价值这三个维度挖掘自己的工作价值。

（4）用好 STAR 框架做工作回顾。STAR 框架的详细内容见本书 3.2 节。

按照 STAR 框架对年度工作进行回顾，其中：

- 情境（situation）是指年初接到任务时所处的背景；
- 任务（task）是指本年内具体承担的工作任务；
- 行动（action）是指为完成上述工作任务所采取的行动；
- 结果（result）是指撰写年度汇报时取得的成果。

用这个模型做工作回顾的优点在于条理清晰，业绩突出。

举例

按照 STAR 框架，某个新媒体运营专员撰写的年度汇报如下：

- 情境（S）：年初开始参与公司品牌推广的新媒体矩阵项目。
- 任务（T）：在这个项目中，主要负责微信和小红书的引流。
- 行动（A）：为完成以上任务，本年度采取了诸多措施，具体包括：①撰写微信软文 50 余篇，每篇平均阅读量达到 1 万次，其中 10 万＋爆款文章 8 篇；②撰写品牌推广短视频剧本 30 个，其中有 20 个被采用，合计短视频时常 50 余分钟，在小红书上获赞次数达到 2 万余次，评论数 18000 多个……
- R（结果）：本年运营微信公众号涨粉数超过 10 万人，小红书涨粉数 5 万人，品牌推广文章全年阅读量超过 100 万次……

（5）用 KISS 框架做复盘总结（见图 4-9）。

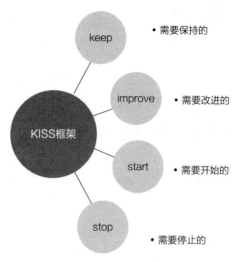

图 4-9　KISS 框架

在复盘时用好 KISS 框架，这样可以全面、系统地做好总结，将做得好的点总结出来，及时萃取经验，将忽视的问题或没有做好的地方提炼出来，以便为来年做准备。

◎ K（keep）：需要保持的，即经验萃取

一个组织最大的浪费就是经验的浪费，通过一年的工作总结，及时萃取经验，这样的年度汇报更能体现自己的专业度。

◎ I（improve）：总结执行任务过程中存在的问题

在这里，不要只是归咎于外部环境，如市场萎缩了、不确定性增强了，这是推卸责任的写法；而是要更多地从内部审视问题，如是否有可能优化工作流程、是否需要改进工作制度、工作文化和价值观是否存在问题等，从组织内部深入挖掘和复盘，从而找出原因和对应的方案。

◎ S（start）：需要开始的新方案

在这一部分需要提出新的想法或行动方案，以改进工作流程或取得更好的成果。

◎ S（stop）：需要停止的做法

在这一部分需要分析导致工作效率低的管理原因，从源头上分析问题成因，对导致工作效率低下的制度、流程等进行审视，并提出未来废止这些制度或流程的建议。

举例

用KISS框架进行工作的复盘总结

小明是某个公司的项目经理，在他的年度汇报中，他采用了KISS框架对工作进行了复盘总结，他是这么写的：

我们在项目计划和执行中保持了良好的沟通和协作，这有助于项目顺利开展。我们应该继续保持这种团队合作的方式。（需要保持的）

我们在项目执行中发现了一些沟通不畅的情况，这导致了一些误解和延误。我们可以改进沟通渠道，如通过定期的进展会议或使用项目管理工具提高信息传递效率。（需要改进的）

我们可以引入定期的项目评估会议，以更好地跟踪项目的进展，并及时调整策略。这将帮助我们更好地应对变化和风险。（需要开始的）

我们发现某些冗余的工作流程已经不再有效，因此我们建议停止使用这些流程，并寻找更简化和高效的替代方案。（需要停止的）

（6）按照 SMART 框架对明年工作进行展望与计划。基于
SMART 框架（见图 4-10）对来年的工作进行展望与计划，有利
于你将目标设定得更加明确和具有可操作性，同时确保其与实
际情况和战略一致。借助 SMART 框架，你将制订出更具挑战性
和可实现性的计划，并有明确的衡量标准以评估工作的进展和
成果。

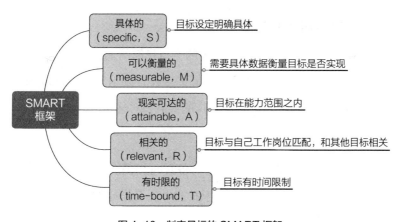

图 4-10　制定目标的 SMART 框架

具体而言，使用 SMART 框架制定工作目标和计划的好处体
现在以下五个方面。

◎ **明确目标和方向**

用 SMART 框架有利于我们确立具体、明确的目标，使我们
的工作计划具备明确的方向和焦点，这有助于我们和团队在工作
中更好地理解和专注于要实现的目标。

◎ **衡量进展和成果**

SMART 框架要求目标是可衡量的，因此我们可以根据事先

设定的度量标准来评估工作的进展和成果，从而能够及时调整策略并了解是否达到了预期的结果。

◎ 确保目标可实现

我们要确保所设定的目标是可实现的，并符合现实条件和可用资源的限制，这有助于避免过高或不切实际的目标设定，提高工作计划的可行性和成功的可能性。

◎ 保持目标与相关性

SMART 框架要求目标是相关的，与我们的工作、团队或组织的整体目标相一致。这确保了我们的工作计划与所处的环境和上级要求保持一致，有助于提高工作的价值和对整体目标的贡献。

◎ 设定时间限制

SMART 框架要求目标设定具备时间相关性，即指定明确的截止日期或时间范围。这有助于我们提高工作计划的可控性和紧迫感，并避免目标的拖延或延期。

举例

用 SMART 框架制定下一年的销售目标

李明是某个公司的销售总监，基于 SMART 框架，他对来年的销售目标进行了以下总结。

具体的：通过增加市场推广活动和提升客户满意度，提高产品销售额。

可以衡量的：将销售额提高目标定为每季度增长 10%。

现实可达的：通过增加广告投放、改进销售渠道和提供更好的客户服务，实现销售额的增长。

相关的：该目标与公司的战略方向和销售部门的目标相一致。

有时限的：在下一年度结束前实现销售额的增长。

| 本章思维导图 |

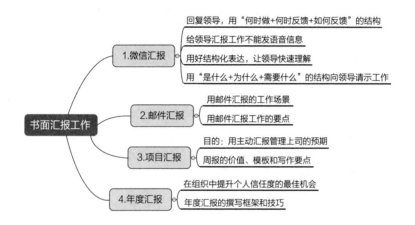

145

| 本章金句 |

- 微信汇报的特点是用最简短的文字内容，将汇报内容表述清楚，成功的关键是通过简短的文字表达，传递重要信息，快速抓住上司的注意力。

- 动宾结构是人类语言中最有影响力、最有号召力的结构，因此小标题最好采用动宾短语。

- 在项目执行过程中，主动定期汇报不仅有利于增强上司对项目的掌控感，还可以对上司的预期进行管理。

- 一定要克服"聚光灯效应",千万不要认为自己每天的辛勤工作每个人都会看到,无须多言。
- 年度汇报是以价值为导向的结构化表达,是本年度价值衡量和来年价值创造的预估,是以未来规划的视角审视现在的工作。

学习完后请总结你的三点收获。

1. _____

2. _____

3. _____

请制订你的三个行动计划。

1. _____

2. _____

3. _____

第 5 章
让客户爱上你的产品（方案）：结构化汇报产品（方案）

- 沟通痛点：拜访客户得不到信任，演示产品（方案）不能引起客户的兴趣，销售完成后不知道如何通过汇报维系好客户关系
- 知识点：培养用户思维，掌握在拜访客户、演示产品（方案）、阶段性汇报以及总结汇报的各个阶段向客户汇报产品（方案）的框架和技巧
- 学习效果：拜访客户时获得信任，演示产品（方案）时获得客户的高度认可，阶段性汇报时顺利推进合作，总结汇报时来个漂亮收尾并开启长期合作
- 应用场景：拜访客户、演示产品（方案）、阶段性汇报、总结性汇报

向客户汇报公司的产品（方案）是一个高难度的沟通说服过程。在销售的不同阶段，你需要解决以下问题。

◎ **拜访阶段**

如何培养用户思维？

如何了解客户的需求？

如何针对客户的需求有针对性地强调产品（方案）的价值和优势？

如何针对客户急需解决的问题提供个性化的解决方案？

◎ 演示产品（方案）阶段

如何演示产品（方案）的优势，获得客户的认可？

在多家企业同时竞标的过程中，如何用好结构化汇报争取在有限的时间内突出产品（方案）的亮点？

◎ 售中和售后阶段

如何做好阶段性汇报以推进后面工作的顺利开展？

如何通过总结汇报维护客户关系，并为未来的双赢合作奠定基础？

为了解决以上问题，你需要掌握在每个阶段向客户进行产品（方案）汇报的框架和技巧。

5.1 初识客户：如何获得信任

在销售过程中，信任是建立稳固客户关系的基石，客户之所以愿意购买你所推荐的产品、接受你所提供的销售方案，前提是因为他们信任你。只有获得客户的信任，才能增加销售机会、提高客户满意度、与客户建立长期关系、推动口碑营销。

在销售拜访时，如果善于使用 SPIN 框架和 FABE 技巧，你就能在较短的时间内准确抓住客户需求，并有针对性地向客户汇报产品（方案），为客户提供有价值的建议，从而获得客户的信任。

1. 善用 SPIN 框架：让客户看到你的专业度

在平时与客户的沟通过程中，你可能已经发现：要想让客户接受你的推荐，首要前提是让客户充分信任你，很多时候客户之所以购买你推荐的产品，是出自于对你的认可与信任。

那么现在请你思考：客户更倾向于信任哪一种类型的业务人员呢？当然是那种比较专业，可以根据客户需要适时地提供解决方案的业务人员。和客户构建商业伙伴关系的关键在于能够有效诊断客户的问题或需求，提供专业建议、产品方案或服务支持，或为客户雪中送炭，或为其拾遗补阙，或锦上添花，只有有效解决客户的问题才能赢得订单。由此可见，及时发现并满足客户的需求能够帮助你获得客户的信任。

149

问题在于：客户很多时候并不知道自己真正的需求是什么。这时，你需要换位思考，通过合适的提问发现客户的真正需求、挖掘客户的潜在需求，引导客户将抱怨、不满和误解具体化，产生现实需求，并有效提供解决方案来满足客户的需求。这样的专业能力能够帮助你在短时间内获得客户的信任。

为此，你需要掌握顾问式销售的框架（见图 5-1）。

按照顾问式销售的思路，你需要向客户询问四种类型的问题来了解他们的需求，帮助他们将隐性需求显性化，使其变成显性需求，再提供具体的解决方案满足客户的显性需求，从而获得客户的信任。

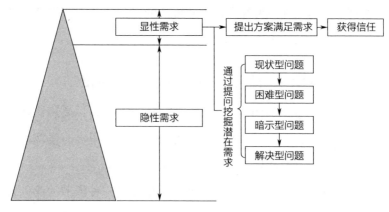

图 5-1　顾问式销售的框架

◎ **现状型问题**

此类问题主要是为了收集客户的背景信息。比如，询问客户所在的工厂生产什么样的产品。

◎ **困难型问题**

此类问题是为了了解客户现在的困难和不满，用于引导客户说出潜在需求。比如，询问客户在使用某类产品时是否碰到问题，期待在哪些方面有所改进。

◎ **暗示型问题**

此类问题旨在加大问题的紧迫性，加深客户对于潜在问题的不满意，帮助客户把潜在需求转化成明确需求。比如，询问客户：这些问题的存在给你们公司的经营带来了哪些困扰？是否影响了公司的竞争力？

◎ **解决型问题**

此类问题主要询问客户如何理解你所提供方案的价值或意

义，旨在让客户把注意力从问题转移到解决方案上，并让客户意识到这种解决方案将给他带来的好处。比如询问客户：如果你们公司通过采用这个方案优化生产流程，可以降低多少能耗？节约多少人力和物力？

在谈话过程中，提问的顺序可以根据沟通的实际情况灵活安排。通过提问和引导，一方面帮助客户将潜在需求挖掘出来转为现实需求；另一方面，让他们认识到满足这个现实需求的迫切性，在做出是否购买的决策时，认为"问题的严重性"大于"对策的成本"，从而产生购买行为。

在拜访客户时，如果善于按照图 5-1 的框架引导客户，你就能：

- 有效判断顾客的隐性需求；
- 将隐性需求引导为显性需求；
- 将显性需求与产品或方案的利益相关联；
- 有效地将客户的显性需求转化成对解决方案的渴望。

情境案例

用顾问式销售框架向准妈妈推荐保险

李小姐马上就要当妈妈了，小明想向她推介一款教育保险。按照顾问式销售框架（SPIN 框架），小明通过这样的提问引导李小姐。

◎ S（现状型问题）

李小姐，您好，好久不见，您的预产期是什么时候啊？宝宝的生活用品都提前准备好了吗？

◎ P（困难型问题）

我这边有好多客户都说培养一个优秀的孩子太不容易了，特别是在大城市，从小到大的兴趣爱好培养很重要，更重要的是 20 年后小孩子就业或出国留学，您这边有算过需要多少钱吗？我帮您估算了一下，从小学到大学的费用大约 60 万元。这部分资金如果到时候拿不出来会怎样呢？

◎ I（暗示型问题）

您看，20 年前大学学费才几百元，现在的学费要一万多元了，这就是通胀的结果，再过 20 年，学费是否会更高呢？

◎ N（解决型问题）

我这边有一款教育保险可以帮助您实现宝宝未来资金需求的目标，给孩子的未来保驾护航。您有兴趣了解一下吗？

经过这四组对话之后，李小姐表示对这个教育保险有兴趣，小明顺利地向她推荐了这款产品。

建议按照 SPIN 框架所提供的思路，在拜访客户前完成销售访谈计划表（见表 5-1），以便在谈话过程中保持思路清晰，不会迷失方向。

2. 善用 FABE 框架：清晰陈述利益点

FABE 框架是一个循序渐进地引导客户的过程，首先要说明产品"特点"，再解释"优点"，然后阐述"利益点"并展示"证据"让客户相信，最终达到说服的目的，如图 5-2 所示。

表 5-1　销售访谈计划表

访谈目标（明确拜访前要完成的目标）	
客户现状（记录对客户情况了解的信息点）	
客户问题(客户面临的难点和挑战)	潜在影响(暗示性问题可能带来的影响)
客户需求（客户的要求和期待）	
解决方案（针对客户问题，你可以提供的备选方案）	

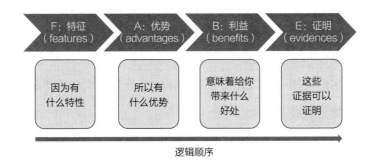

图 5-2　FABE 框架

153

◎ 特征（features，F）

特征，即产品的特质、特性等基本功能，以及它是如何用来满足我们的各种需要的。一般可以从产品名称、产地、材料、工艺定位、特性等方面挖掘产品的内在属性，找到产品的差异点和特性。

◎ **优点（advantages，A）**

它是指由产品的特征所产生的优点，即产品已有的特性究竟发挥了什么功能？与同类产品相比较，该产品的比较优势有哪些？通过回答这些问题向客户证明"购买的理由"。

◎ **利益（benefits，B）**

它是指产品的优势能带给客户的利益。以客户利益为中心，通过强调客户得到的利益、好处激发他们的购买欲望。在每一次说服中都有意识地问自己："我说的这句话和他有什么关系"，可以极大地提升表达有效性，产生更好的说服效果。

◎ **证据（evidences，E）**

证据包括技术报告、顾客来信、报刊文章、照片、示范等，可以通过现场演示或出示相关证明文件印证向客户所做的一系列介绍。所有作为"证据"的材料都应该具有足够的客观性、权威性、可靠性和可见证性。

在实际应用中可以省去 E，采用 FAB 框架依次介绍产品的特点、优势和利益。

情境案例

用 FABE 框架推介扫地机器人

特征（F）：具备扫地、卷垃圾、吸尘、擦地、水拖地共五大基础功能。

优势（A）：多种清扫功能组合，清洁效率高，扫得干净。

利益（B）：让你的房间更干净，没有清扫死角、没有遗漏，让你再无清扫房间的压力，摆脱重复无趣的地面清洁，解放自己双手，释放更多的时间享受生活。每天节省30分钟。一年省出180小时。

证明（E）：播放视频证明清洁效果，专业机器人公司出品，国际品牌正品保证等。

按照FABE框架，在拜访客户前，你可以先准备如表5-2所示的表格，帮助自己梳理陈述的思路和重点。

表5-2　产品（方案）的FABE分析表

A产品（或方案）的FABE分析表				
	特征	好处	优势	证明
1				
2				
3				
4				
5				

拜访客户时，究竟该重点选择表格中的哪些信息进行阐述，要根据客户的需求来确定。因此在拜访前，你最好通过分析客户的相关情况确定客户最关心的利益点，从客户最关心的地方说起。

情境案例

向客户推介法律服务

李明是一名法律顾问，他准备去拜访一位正在寻找《劳动法》律师的潜在客户介绍自己的法律服务。在拜访前，基于换位思考，他分析了一下客户可能对以下问题比较关注：

- 这个案子胜算大不大;

- 我不想为这个案子花太多时间,尤其不想来回内外部协调;

- 案子结束之后复盘可以,但报告我没时间写,修改规章制度这事也是个麻烦活儿。

针对以上问题,按照 FAB 框架,他是这么介绍的:

我是李明,是专门从事劳动争议的律师,在这座城市已经执业 12 年了(特点)。

我代理过超过 300 起的类似案件,对这座城市各位劳动仲裁员的工作风格非常了解。不仅如此,我们劳动案件的收费也相当合理(优点)。

你们公司目前的这起案件,我在六个月前处理过类似案件,我们最后不仅赢了仲裁,还赢了一审、二审。如果您请我代理这起案件,您无须为任何程序性问题烦恼,甚至包括与人力资源部门的沟通协调工作。案件结束之后,我还会跟您复盘,可以出具正式的书面报告,也可以跟人力资源部门的同事一起完善公司规章制度(利益)。

5.2 产品(方案)演示: 如何获得客户的高度评价

演示产品(方案)获得客户认可的关键在于具有用户思维,站在客户的立场展示产品(方案)的优点和特点。

1. 思路决定出路：用户思维是根本

具备用户思维就是善于换位思考，站在用户的立场考虑用户的使用场景，根据用户的身份来选择合适的切入点。

（1）改变立场的陈述。如果你采取以下方式向客户介绍你们公司的产品：

我们向贵公司推荐以下产品……，

这种产品的特点是……，

作为我们公司的拳头产品，主要的优势体现在……。

这种说法完全站在自己的立场陈述，不会引起客户的关注，而站在客户的立场思考，应该考虑的问题是：

- 客户为什么要对我们的产品感兴趣？
- 客户使用我们的产品会获得什么好处？
- 客户使用我们产品的障碍是什么？

因此，从客户的立场介绍产品需要遵循以下三个原则：

- 聚焦于对方最关注的利益点；
- 以对方为主语进行对话；
- 围绕对方的兴趣展开。

157

情境案例

改变陈述立场推荐 ERP 系统

假如你准备向某个工厂推介一套 ERP 系统，开始你是这样介绍的：

我们的 ERP 系统客户包括大量的上市企业和大中型民营企

业，有很多客户使用我们的系统多年并给予了极高的评价。此次，根据贵公司的具体情况，我向您推荐的这套系统不仅可以处理日常生产中的物料采购、调配和入库，还可以处理公司对外和对内的结算业务。因为使用了云系统，所以我们的 ERP 系统也可以应用于与外部公司的合作……

你认为以上的产品介绍效果好吗？

这套介绍词可以说是不得要领，听了这个介绍，对方最多只能了解这个系统大概可以提供什么样的功能，但是他们可以从这个系统中获得哪些利益却不得而知，因此这样的介绍就很难吸引人，更谈不上说服别人。

那么，我们来看看修改后的产品介绍：

贵公司以前都是使用人工管理物料采购、调配和入库等工作，这样是不是很容易出现差错？有没有觉得这是一个费时费力、非常琐碎的工作？现在只要使用我们的 ERP 系统，这些问题都可以用系统快速解决，而且员工学习使用这套系统也非常简单，只要半天就可以轻松掌握。另外，以前公司对内对外结算，是不是都需要有专人到公司各个部门和其他供应商那里现场沟通？使用了我们的云系统就可以省去这个程序，直接通过系统完成，可以大大节约差旅费用和时间。

这样站在对方的立场，直接说明对方可以获得哪些好处，是不是可以更好地打动对方呢？

（2）改变场所的陈述——考虑用户使用的场景。考虑用户的使用场景，把卖点场景化，让客户感同身受，就比较容易说服客户。具体而言，可以从以下五个方面进行场景化的描述（见图 5-3）。

图 5-3 场景化五要素

● 使用人：从产品适用人群说起。

比如：

（大码女装）谁说胖妞不能爱漂亮？

（按摩器）久坐、经常伏案人群的健康福音。

● 使用地方：从产品经常在哪里使用说起。

比如：

（无线耳机）跑步健身时戴着无线耳机能够让你在身心愉悦之余享受更多锻炼的乐趣。

（预制菜）回家不想做饭？点外卖又怕不卫生？选购预制菜让你不到 10 分钟就吃到热腾腾的美味，轻松搞定健康又美味的食物，你还犹豫什么呢！

● 使用时间：从什么时候最有可能用说起。

比如：

（××咖啡）活力满满的一天从喝××咖啡开始。

159

（蛋白粉）健身后来一包，健康减肥有保障。

- 使用心情：描述在什么心情下最有可能会用到。

比如：

（鲜花）开心时，来一束花犒劳自己；挫败时，来一束花安慰自己。时刻与鲜花为伴，成为最好的自己。

- 使用场合：从客户可能高频使用这个产品的场合说起。

比如：

（降噪耳机）：坐飞机、坐火车、住寝室，戴上耳机随时给你一个静音的世界。

情境案例

只有改变场景，分公司的负责人才能听得进去

小明在总公司工作，现在需要代表总公司向分公司的负责人就启用新的办公系统进行说明。即将启用的新办公系统优化了文档传输的流程，效率更高。启用这个系统可以让集团内部办公效率得到极大程度的提高。高层对这个系统非常满意，小明也很自信，认为这个系统一定会受到分公司负责人的认可。

小明做好了充分的准备，开始充满自信地陈述，但是他还没有说完，很多分公司的负责人就开始抱怨。小明觉得很奇怪：从提升管理效率而言，这是个很好的系统，但是为什么大家会抵触呢？

通过调研，小明发现原来总公司和分公司的文档流转流程本来就有差异，在陈述时，小明忽视了分公司在文档流程方面与总公司的差异性。

于是，为了避免这样的矛盾，小明对陈述内容做了进一步优

化，将视角由总公司改为分公司，从分公司使用这个系统的场景出发来介绍这个新系统，并说明使用这个新系统可能给分公司带来哪些好处。

（3）改变身份的陈述——了解客户最关心的问题。

一个说服场景下，特定的说服话题与受众的关系大概分两种情况：

- 第一，"听我说"对你有什么好处；
- 第二，"不听我说"对你有什么坏处或者有什么损失。

了解你的用户，找到用户最关心的点，无论痛点、痒点还是爽点（见图 5-4），都可能是精准说服的关键一步。

图 5-4　受众最关心的问题

◎ 痛点：过去的不满

痛点也就是客户存在的困惑、麻烦或者可能遭受的损失，只要你提起，他们就会感同身受。如果你推荐的产品或方案能够解决他们的问题，就很容易激发他们的购买愿望。

◎ 痒点：未来的成效

痒点是指要让客户意识到接受你的产品或方案，可能会给他们带来哪些好处。对企业客户而言，主要体现在可以帮助他们降本增效、降低经营风险等；对个人客户而言，主要体现在帮他们省钱或者提升他们的个人能力。

◎ 爽点：当下的获得感

爽点是指通过你的陈述，客户感觉到充满期待，相信你的产品或者方案能够让他们高效地解决问题或者实现预期目标，并且意识到购买你们的产品或服务是一笔划算的买卖。

2. 用 BFAE 框架吸引客户的注意力

人们往往只对与自己有关的事情感兴趣，因此你在一开始就要先说明这件事与客户有什么关系，才能更好地抓住客户的注意力。此时可以将 FABE 框架的顺序调整为 BFAE，先说益处，再说特点，最后陈述优点，并将相关企业的案例拿出来，以此更好地吸引客户的注意力并说服客户。

按照 BFAE 框架进行产品（方案）演示时，你需要注意以下问题。

◎ 产品演示前先了解客户的真实需求

你要充分理解客户的需求，才能有的放矢地准备好产品演示，否则可能会碰到尽管你讲了一堆产品属性、优点，客户毫不关心，甚至他比你还专业的情况。

◎ 益处陈述最好能让客户眼前一亮

情 境 案 例

如何说才能让客户心动

你开发了一套系统帮助客户做数据分析，在你向客户演示这套系统之前，客户表示希望能够看到每日的数据动态，而你做的这一套系统刚好有个关键数据展示区的功能可以满足他们的需求。

那么在展示系统时，你可以这么描述：

你提到希望看到每日的数据动态，我们非常认同数据查询的重要性。我们结合多个客户成功上线的优秀实践案例，总结了一套大部分客户关注的常见数据指标，以图形化方式呈现，便于客户更好地聚焦到最关心的数据上。

虽然在以上的陈述中，你并没有谈到具体数据是什么，也没有解释复杂的指标术语，但因为和客户需求匹配，就很容易吸引客户的关注。

接着，你可以打开系统进行演示，并说明由于这个功能的设置，可以自动收集数据并提供关键指标的计算结果，告知客户这个功能将简化以往因为需要通过多个地方收集数据后再做加工的烦琐流程。

按照这个思路进行产品演示，针对客户想看每日数据动态的这个需求，你先通过产品的价值（已经沉淀了多个最佳实践），说明益处（客户选择这个产品，是建立在他人积累的成功经验之上的）；再打开具体功能页（消除客户的顾虑），说明属性；最后通过总结，补上益处（这有什么作用），让客户充分认可这个系统。

◎ 标杆案例的选择要有代表性

在选择企业案例时，最好是分享标杆企业的案例，特别是大中型企业。优先选择那些和客户处于同一行业的企业，一方面，同行业的标杆企业会和客户存在同样的痛点；另一方面，和标杆企业的成功合作案例也能为客户提供重要的参考价值。你可以通过介绍标杆案例证明己方有成熟、成功的产品和服务，能很好地满足客户的需求。

3. 用黄金圈结构激发客户的购买愿望

（1）黄金圈法则的内容。在向客户推介产品时，通过黄金圈结构（Why-How-What），即按照"动机（愿景）——方法——具体特征"的顺序进行陈述，更容易激发客户的热情。

在黄金圈结构中（见图5-5）：

- 为什么（Why）是最内圈，主要是目标、使命、理念和愿景；
- 如何做（How）是中间圈，主要是怎么干，即具体的操作方法和路径；
- 是什么（What）是最外圈，主要说的是这件事情是什么，有什么具体的特点，或者你已经取得的成果。

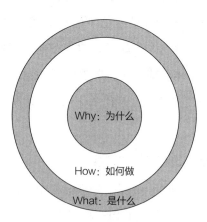

图5-5　黄金圈结构图

黄金圈结构特别适合用来做一个介绍产品或项目的演讲，这时陈述的结构安排为：

- 我为什么要做这个项目？（Why）
- 这个项目如何帮助、改变他人？（How）
- 这个项目有什么价值？（What）

在这三个部分中，如果能各加入一个故事，那么将是一个震撼人心的演示。

情境案例

扎克伯格的故事黄金圈

2015 年，Facebook 创始人扎克伯格在清华大学经管学院做过一次中文演讲，他用的就是黄金圈结构，在黄金圈的每个部分他都讲了一个故事，用三个故事讨论改变世界的话题。

第一层，他在阐述"为什么"时讲了第一个故事"相信你的使命"，通过讲述自己专注于使命的过程解释为什么要做Facebook，为什么想改变世界。

第二层，他在说明"如何做"时讲了第二个故事"用心"，从一开始只做一款给学生用的小产品切入，但始终保持专注才得以完成目标和使命。

第三层，他在解释"是什么"时讲了第三个故事"向前看"，回顾 Facebook 的使用人群从一开始的学生到后来覆盖到更多人，说明只有向前看才能成为全球的领导者，用互联网影响全世界。

（2）使用黄金圈结构的具体策略。

◎ **策略一：为什么——不忘初心，方得始终**

从为什么说起就是从初心开始，主要围绕初衷和信念展开。任何项目或产品在启动时都有自己的出发点，也就是初衷和目的。事实证明，人们往往更容易被使命、情怀、信念打动，这就是说服听众的关键。

因此你首先要表达的是：

- 你为什么要推荐这个产品？
- 你为什么要做这个项目？
- 你为什么要从事这项事业？
- 你的愿望和动机是什么？
- 你的使命和意义是什么？

当你说清楚你为什么要去做、听众为什么需要时，你就更能激发起人们的热情。正所谓"不忘初心，方得始终"，介绍初心时，如果能结合自己的经历讲一个生动的故事就更容易产生共鸣。

◎ **策略二：如何做——思路决定出路**

如何做是过程，主要介绍为了达成目的而采取的策略和执行的方案。思路对了，产品才能对。在这个阶段，你需要尽可能地展现产品或方案的创意和特点，通过差异化的定位、独特的切入点、合适的产品节奏说服观众认可你的产品或方案。

◎ **策略三：是什么——产品展示引起共鸣**

是什么是最终的展现形态，既可以是产品，也可以是方案，还可以是服务，客户直接接触的就是这个内容，因此是他们最熟悉的部分。

在这个阶段，你可以对产品的各种特性或参数、方案的整体思路和步骤、服务的体验流程和步骤等内容进行生动而形象的推荐，并与前面的"为什么"和"如何做"形成呼应。基于前面的铺垫，这个阶段更容易激发客户的购买意愿，升华产品的汇报内容和意义。

情境案例

用黄金圈结构推荐"同程旅游网"项目

中央电视台曾经有一档节目《赢在中国》，这个节目旨在为创业精英提供融资机会。只要创业者能够在台上用 90 秒的时间说清楚自己的创业项目，并打动台下的投资者，就有机会获得资金支持。

2006 年，"同程旅游网"创始人吴志祥通过下面的陈述赢得了《赢在中国》的全国五强，获得了 500 万元创业资金的支持，他的陈述就采用了黄金圈结构，具体如下：

大家好，我的项目是"同程旅游网"。我的目标是把"同程旅游网"做成中国乃至世界上最大的旅游超市，让所有的旅游者和旅游供应商都能够直接在这个平台上进行交流和交易，以减少双方的交易成本，让旅游者和供应商都能获利。

关于这个项目，我想用下面 4 个问题进行说明。

第一个问题是，为什么能赚钱？很简单，因为我们已经帮助客户赚到钱了。我们平台上有上百家旅游企业，很多旅游企业通过这个平台找到了自己的合作伙伴，现在我们的收费会员有将近

4000 家。

第二个问题是，能赚多少钱？ 2004 年我们网站的营收是 30 万元，2005 年我们网站的营收是 300 万元，今年（2006 年）我们的营收目标是 800 万~1000 万元，目前已经完成了 50%。我想，如果有 VC（投资者）介入，我们的目标是到 2008 年营收 1 亿元。

第三个问题是，为什么是我们？我想最重要的原因是我们团队对旅游行业的热爱。我们团队有 4 个人，其中有 3 个人是大学同学，还有一个人是任课老师，我们已经认识 12 年了。还有一个原因是，我们 3 年来在行业里已经建立了一定的技术障碍和壁垒，也建立了品牌忠诚度。

第四个问题是，能赚多长时间？ 2005 年中国旅游业的总收入是 7600 亿元，预计每年以 10% 的速度增加。到 2020 年，整个中国的旅游收入将达到 2.5 万亿元。这是一个非常大的市场，也是一个值得我和我的团队用一辈子的时间去做的一件事情。谢谢！

这个项目汇报时间刚好 90 秒，汇报人采用的结构是：先说明创立"同程旅游网"的目标是做成中国最大的旅游超市，让旅游者和供应商减少成本，然后通过 4 个问题说明为什么和如何做。

这 4 个问题分别是：

- 为什么能赚钱？（描述行业前景）
- 能赚多少钱？（描述盈利状况）
- 为什么是我们？（描述自己的优势）
- 能赚多长时间？（描述未来收益）

4. 善用 RIDE 框架，帮助客户做出理性决策

（1）RIDE 框架的结构。RIDE 框架（见图 5-6）通过暴露风险，阐述利益，继而引入差异性及其影响，从而达到说服客户的目的。RIDE 框架其实是利用人们"趋利避害"的心理，通过前后"对比"的技巧合理唤起客户的恐惧，再帮助其消除恐惧，使这个产品（方案）汇报的过程更有说服力。

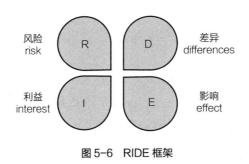

图 5-6　RIDE 框架

◎ 风险（risk，R）

你可以在开头先向对方说明不采纳你的产品（方案）会带来什么风险。因为同样的价值，人们在失去时比获得时更为敏感，所以把损失风险先摆出来。

◎ 利益（interest，I）

由于之前说了风险，降低了对方心理阈值，这时再描述接受你的产品（方案）可以得到的利益，让对方产生一面天堂一面地狱的感觉。

◎ 差异（differences，D）

人们都喜欢比较特别的东西。说完风险和利益，再说你的产

品（方案）与众不同之处，可以使对方眼前一亮，感性认知得到升华。

◎ 影响（effect，E）

最后谈一下你的产品（方案）的负面效应。所有的东西都会有瑕疵，如果你将自己的产品（方案）夸得完美无缺反而会让对方心生疑虑，这时你需要说一条产品（方案）的缺点，让理性为你加持。

（2）使用 RIDE 时的注意事项。

◎ 说明风险切忌夸张

在说明风险时，主要是告诉对方如果不采纳你的方案会有什么后果、麻烦和损失？但是，切莫过于夸张，意图过于明显时即便出发点再好，对方都会对你有戒备心。

◎ 利益陈述要说到点子上

利益的说明在讲完风险之后，目的在于通过对比创造一种强烈的冲击力。但是要注意的是，利益的说明要切中客户的需求，以客户的痛点或痒点为切入点，让客户意识到接受了你的建议他们会获得什么样的好处，可以在多大程度上解决他们的问题。

◎ 差异分析要到位

在说明自己的产品（方案）与竞争对手比较有何不同时，你要针对客户最急切解决的问题，并且能够拿出数据和事实支撑自己的结论，不要刻意贬低竞争对手的产品（方案），否则会让客户产生不好的印象。

◎ 说影响时要客观实际

最后真诚地说明自己方案的不足是为了让客户产生信任感，但是也不要过分谦虚，刻意找出自己的一大堆问题，用力过猛则会适得其反。

情境案例

咨询顾问巧用 RIDE 框架介绍渠道拓展方案

小明是咨询公司的顾问，他最近知道 A 食品公司在市场开拓方面有需求，想借助外部力量为公司制定在 H 市的渠道拓展方案。小明通过调研后，按照 RIDE 框架向 A 公司的市场总监王总展示了自己的初步方案。

风险（R）：贵公司已经在零售店大规模铺货了，但是由于缺乏合适的宣传方案，目前产品基本都陈列在不起眼的位置，不利于销售市场的打开。

利益（I）：如果能够根据不同零售店的情况配套合适的宣传方案，零售店会乐意优化产品的摆放位置，那么产品就会迅速打开市场。

差异（D）：我们公司在市场开拓方面的优点就是快，能够帮助客户公司迅速抢占市场，并在这个过程中不断优化迭代。上个月，我们为与贵公司同类的 B 食品公司提供了相应的咨询服务，只用了一个月时间 B 食品公司的销售额在 H 市就扩大了一倍。

影响（E）：贵公司如果接受我们的咨询服务，在生产和物流方面要注意保证及时供应，避免出现产品生产或物流不能跟上市场需求的情况。

5.3 阶段性汇报：如何在共赢基础上顺利推进合作

在方案执行过程中，向客户进行阶段性汇报对于方案的成功执行和提高客户满意度至关重要。通过及时的沟通、需求确认、接受反馈、风险管理和变更控制，我们可以与客户建立良好的合作关系，确保项目按时交付，并达到客户的期望。

在面向客户进行阶段性汇报时，建议你使用 SCRTV 框架展示方案的价值，获得客户的理解与支持。

1. SCRTV 框架符合用户的思维习惯

人们在思考问题时惯用的路径是"是什么—怎么了—为什么—怎么办—结果如何"，人们解决问题的过程是"分析—判断—推理—决策—评估"。SCRTV 框架是按照表情境（Scene）、爆冲突（Conflict）、找原因（Reason）、定策略（Tactic）、塑价值（Value）的顺序汇报（见图 5-7），刚好和人们的思维习惯与解决问题的过程高度匹配，因此在汇报时使用这个框架不仅能够帮助你更有条理、更有逻辑地进行叙述，还能让客户迅速理解项目的进展，获得他们的认可与支持。

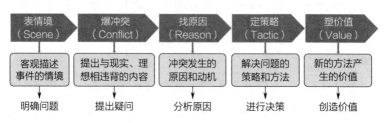

图 5-7 SCRTV 框架

2. SCRTV 框架的构成及应用举例

按照 SCRTV 框架进行汇报时，每个部分应说明的内容如下。

◎ 情境（Scene）

在汇报中，首先描述当前项目的情境或背景，解释项目的目标、范围和阶段，以及与之相关的环境因素和条件，这样可以帮助客户理解项目的上下文和整体情况。

◎ 冲突（Conflict）

在这一部分，需要指出项目中存在的冲突或挑战，描述当前面临的问题、障碍或困难，并指出可能对项目进展产生负面影响的因素，这有助于客户了解项目面临的挑战和可能的风险。

◎ 原因（Reason）

在这一部分，需要解释导致冲突或问题发生的原因，提供客观的解释，说明为什么发生了这样的冲突或问题，并分析其根本原因，这有助于客户理解问题的来源，并消除误解或责任归咎。

◎ 策略（Tactic）

在这一部分，需要介绍针对冲突或问题采取的具体策略和行动计划，说明项目团队正在采取的措施，以解决问题或应对挑战。这样可以向客户展示项目团队积极应对的态度，并提供信心和安全感。

◎ 价值（Value）

在这一部分，需要强调采取策略和解决问题的价值和益处，说明通过解决冲突或问题，项目将获得的价值和优势。这有助于向客户传达项目的积极影响和成果。

举例

应用 SCRTV 框架做阶段性汇报

李明是某软件公司的项目经理，他带领团队负责某个电子商务公司的软件开发项目。下面是他基于 SCRTV 框架向客户所做的一个阶段性汇报。

◎ **明确问题**

我们目前处于软件开发项目的第二阶段，旨在构建一个电子商务平台。该平台将提供在线购物功能和支付系统，以满足客户对扩大其在线业务的需求。

◎ **提出疑问**

然而，我们在这个阶段遇到了一些技术难题，其中之一是整合第三方支付系统的复杂性。这导致了开发进度的延迟，并可能对项目进度产生一定的影响。

◎ **分析原因**

该问题主要是由第三方支付系统的接口变更所致。他们在最新版本中引入了一些不兼容的更改，导致我们需要重新评估整合过程并进行相应的调整。

◎ **进行决策**

为了解决这个问题，我们已经与第三方支付系统的开发团队进行了密切合作，并制订了一个调整计划。我们正在重新编写必要的代码，并进行全面测试，以确保支付系统与我们的平台无缝集成。

◎ **创造价值**

通过克服这一技术挑战，我们将确保电子商务平台的顺利运

行和稳定性。这将使客户能够提供更好的在线购物体验，增加销
售额，并为他们的业务带来更多的机会和收益。

由此可见，使用 SCRTV 框架，可以向客户清晰地汇报项目
的背景、挑战、解决方案和所获得的价值，从而促进双方的有效
沟通和共同理解。

5.4 总结性汇报：如何漂亮收尾并开启长期合作

1. 总结性汇报的目标

在项目结束时，一定要善始善终，切忌虎头蛇尾，应该正式
地向客户进行一个总结性汇报，一方面可以给客户留下一个良好
的印象；另一方面也是为将来可能的进一步合作打下基础。具体
而言，通过总结性汇报应该实现以下五个目标。

◎ 展示项目成果

通过总结性汇报，你可以向客户展示项目的成果和成就，这
有助于客户了解项目的价值和对他们业务的影响。一个清晰、有
条理的汇报可以突出项目所取得的关键结果，并让客户对项目的
贡献有清晰的认识。

◎ 确认目标的实现

总结性汇报提供了回顾项目目标和初衷的机会，并确认这些
目标是否已经实现。客户对于项目成功与否的评估往往与项目

目标的实现程度相关，通过向客户展示目标的实现情况，可以加强他们对项目成功的信心，提高对项目成效的认可度。

◎ **增强信任度**

一个完美的总结性汇报可以增强客户对服务团队和公司的信任度。通过向客户展示项目进展、解决的问题以及团队的努力，你可以和他们建立良好的合作关系，并加强客户对你和你的团队的信任，为将来的长期合作奠定基础。

◎ **吸取教训和改进工作**

通过总结项目的经验和教训，你可以更好地指导将来的项目。一个有深度的总结性汇报，既要总结项目中的成功实践，也要关注未来需要持续改进的领域。

◎ **为未来深化与客户的合作打下基础**

一个完美的总结性汇报将向客户展示你们团队的专业能力、项目交付的质量和项目管理的效果，有利于提高客户对项目团队的满意度，为将来与客户继续合作提供更多可能。

总之，总结性汇报不仅是对项目的结束进行形式化的总结，更重要的是向客户展示项目的成果、确认目标的实现，并为未来的合作奠定基础。它增强了客户与你的团队之间的信任度，提高了合作的透明度，同时提供了吸取教训和改进项目的机会。

2. 总结性汇报的框架

项目总结性汇报的框架，如图 5-8 所示。

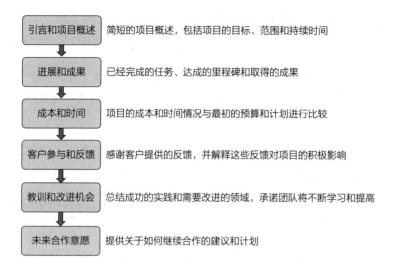

图 5-8　项目总结性汇报的框架

按照以上框架准备可以帮助你做一个完整而有条理的项目总结汇报，具体要求如下。

（1）引言和项目概述。在汇报开始时，向客户致以问候并感谢他们对项目的支持。接着，提供一个简短的项目概述，包括项目的目标、范围和持续时间。确保突出项目的重要性和成功标准。

（2）进展和成果。在这一部分，你要详细介绍项目的进展情况，包括已经完成的任务、达成的里程碑以及取得的成果，强调项目中的关键成功因素和取得的价值。如果项目存在挑战或问题，也要在这一部分提及，并说明你们是如何克服这些困难的。

（3）成本和时间。在这一部分，你要汇报项目的成本和时间情况，与最初的预算和计划进行比较，说明任何超出预期的费用

177

或时间延误，并提供相应的解释和解决方案。

（4）客户参与和反馈。在这一部分，你要提及客户在项目过程中的参与程度和对项目的反馈。如果客户提供了宝贵的建议或意见，你要表达感谢，并解释这些反馈是如何对项目产生积极影响的。

（5）教训和改进机会。在这一部分，你要分享项目过程中的教训和改进机会，包括失败的经历和可能的改进领域。与此同时，你要表达团队对于不断学习和提高的承诺，以便为将来的合作创造更大的价值。

（6）未来合作志愿。在这一部分，你要强调对未来合作的期望和意愿，讨论可能的进一步合作机会，并提供关于如何继续合作的建议和计划；确认你们愿意继续与客户合作，并表达对未来合作的热情。

| 本章思维导图 |

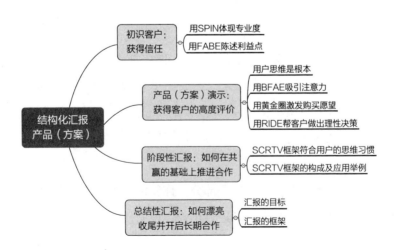

|本章金句|

- 只有获得客户的信任，才能增加销售机会、提高客户满意度、与客户建立长期关系、推动口碑营销。
- 演示产品（方案）获得客户认可的关键在于具有用户思维，站在客户的立场展示产品（方案）的优点和特点。

学习完后请总结你的三点收获。

1. _____

2. _____

3. _____

请制订你的三个行动计划。

1. _____

2. _____

3. _____

第6章

在求职面试中脱颖而出：结构化汇报自己 1

- 沟通痛点：投出简历得不到对方的回应，参加无领导小组讨论屡战屡败，接到面试邀请不知道如何准备，面对面试官的提问不知所措
- 知识点：制作吸引用人单位简历的方法，在无领导小组讨论中胜出的技巧，顺利通过结构化面试的诀窍
- 学习效果：通过简历向用人单位证明你是最佳人选，在无领导小组讨论中脱颖而出，从容面对结构化面试
- 应用场景：制作简历、无领导小组讨论、结构化面试

6.1 制作简历：
一页纸上的精彩自我呈现

1. 简历的制作过程是一个说服的过程

"如何通过简历放大自己的优势，给用人单位留下深刻印象"这个问题是大家在找工作时普遍面临的问题。

在简历投出去以后，我们往往困惑：为什么我给心仪的岗位投简历，好多都石沉大海，有时即使找了熟人内推最后还是没有

回应？本来我是完全可以胜任这个工作的，但是为什么没有面试机会呢？

如果你的职业经历和岗位需求匹配，但是没有得到面试邀请，那么问题很有可能就出在不会写简历上。很多人都是临时找了一份简历模板随便填一填，或者直接去填了招聘网站的模板。还有人用同一份简历应聘多个不同的岗位，甚至连错别字都没有检查就发送出去了。如果采取这样的操作方式，那么他的简历通过率肯定会偏低。在招聘期间，招聘主管要在短时间内阅读大量简历，大多数简历往往会在第一眼就被直接淘汰，那么怎样才能让自己的简历在众多简历中脱颖而出，让招聘主管一眼看中呢？

要想让你的简历吸引到招聘主管，主要取决于你的简历是否具有说服力。简历的制作过程就是一个说服的过程，因此在设计简历时重点要论证的问题是：凭什么证明你是最适合这个工作的人选？为什么要把面试机会留给你？

2. 吸引招聘主管的简历是什么样的

招聘主管一天要筛选的简历无数，有统计显示，招聘主管在每一份简历上浏览的时间通常不会超过 20 秒。试想如果一份简历排版错乱、错别字连篇，如何入得了招聘主管的法眼呢？所以一份好的简历在形式上一定要注意排版、格式和外观，要对受众足够友好，看过去一目了然，亮点和优点等最有说服力的地方通过排版凸显出来；在内容上一定要系统完整、亮点突出、特色鲜明且与岗位需求高度匹配。

表6-1通过对比展示了一份优秀的求职简历应该是什么样的。制作简历时，你可以按照这个表格——检查，查漏补缺。

表6-1 优秀简历的基本要求

事项	普通简历	优秀简历
个人信息	无论是否必要，提供过于详细的个人信息	只有必要的信息，如姓名、毕业学校、专业、联系方式、性别等
求职目标	有的没有目标，有的写多个目标	有一个明确的求职目标
自我评价	千篇一律，大而空，如"责任心强、事业心强"等	从工作内容、成绩、经验技能、性格等方面概括介绍自己
工作经验	流水账，看不出重点，没有体现工作业绩	根据招聘要求，工作内容有主有次；逻辑性强，每项工作既有工作内容，也有例子或数据来体现成绩和结果
项目经验	看起来和工作经验的内容差不多	选择和应聘岗位需求最为匹配的1~2个项目重点介绍，按照STAR框架或5W1H框架进行描述
教育经历	无论是否和岗位相关，写上很多课程名称，有的甚至还写上分数	简单介绍，除非学校是985/211，如果专业和岗位对口可以具体描述
获奖情况	罗列较多，缺乏归纳，没有按照时间倒序排列，占据篇幅太大	按照时间倒序或按照奖项内容合并同类项进行描述，不占用过多篇幅
证书和培训	罗列与应聘岗位无关的内容	只写和应聘岗位相关的内容
技能和特长	罗列较多，没有独特之处	仅罗列对应聘岗位有帮助的技能

（续）

事项	普通简历	优秀简历
文字风格	形容词多，主观判断多，不够精练，用第一人称："我××""我做了××"	语言简洁，不使用过长的句子，客观描述，用动宾结构说明成绩
排版	不注意字间距、行间距，四周留白不当，看起来过于稀疏或密集	正文字体统一，用不同字号显示标题，排版错落有致，一目了然

3. 如何制作一份吸引眼球的简历

（1）仔细研读岗位信息。选拔人才的标准并不在于你有多么优秀，而在于你是否合适。制作简历是一个以说服为目的的书面表达过程，简历的制作目的就是要让用人单位看到你的简历后相信你是最有可能适合这个岗位的人选。

如何证明你适合这个岗位呢？你需要具备用户思维，先要搞清楚应聘的这个岗位究竟有哪些需求。建议不要做那种标准化的简历，不管什么单位都一投了之，而是要先分析用人单位最看重哪些方面的特质和经验，然后有针对性地制作简历。

如何了解岗位需求呢？关键在于研读招聘广告，仔细分析岗位的核心信息，总结该岗位对工作经验、胜任能力和职业素养的要求（见图 6-1），然后将自己的情况和需求进行比对，再有针对性地准备简历。

以下以某教育公司招聘网络营销专员的广告举例说明（见图 6-2）。

183

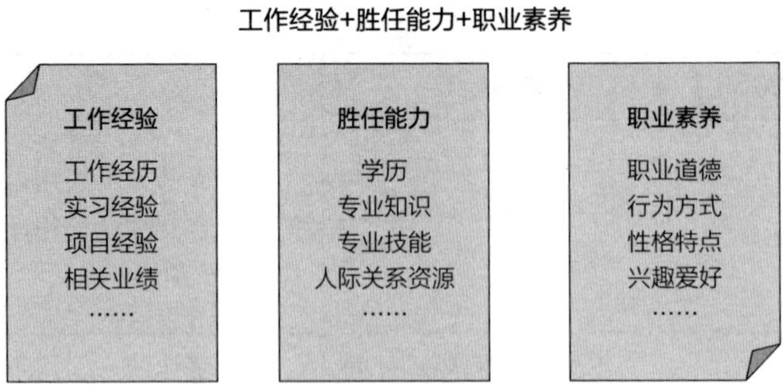

工作经验+胜任能力+职业素养

图6-1　从招聘广告中总结岗位需求

网络营销专员

职位描述：
1. 通过在线聊天工具与意向客户进行沟通，解答客户提出的各种问题，达成最终销售目的；
2. 运营好聊天工具，能及时发布动态，维护好朋友圈；
3. 负责收集客户信息，熟悉掌握客户需求，协助规划客户服务方案；
4. 定期或不定期进行客户回访，与客户保持良好的关系；
5. 与意向客户保持联系，获得对方好感，提升客户忠诚度。

岗位要求：
1. 大专（含）以上学历，年龄20岁（含）以上；
2. 有网络销售经验者优先，优秀的应届毕业生亦可；
3. 具备良好的应变能力及学习力，能够独立处理客户订单的咨询能力；
4.工作积极认真，责任心强，能吃苦，有较强的服务意识。

图6-2　招聘广告举例

　　阅读这份招聘广告，可以总结出该岗位对应聘者在工作经验、胜任能力和职业素养等方面的要求（见图6-3）。整体而言，可以看到该岗位比较看重熟练使用新媒体进行营销的能力与经验，要求应聘者善于沟通、灵活应变，并具有较强的服务意识和承压能力。

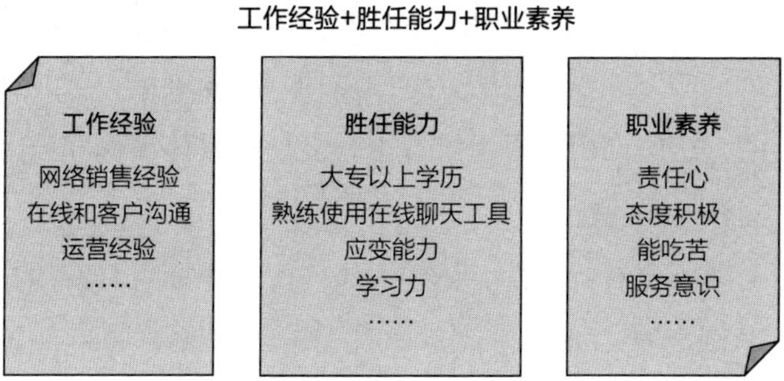

工作经验+胜任能力+职业素养

工作经验

网络销售经验
在线和客户沟通
运营经验
……

胜任能力

大专以上学历
熟练使用在线聊天工具
应变能力
学习力
……

职业素养

责任心
态度积极
能吃苦
服务意识
……

图 6-3 网络营销专员岗位需求的内容

分析完以上信息，可以画一个"岗位要求–自身特质匹配表"（见表 6-2），以便在准备简历时严格按照应聘岗位的要求来写，自己的经历和特征中与岗位要求匹配程度高的应该重点写，而与之无关的点可以少些或不写。

表 6-2 岗位要求–自身特质匹配表

序号	维度	要点	我的匹配之处	支撑事实
1		要点 1		
2	工作经历	要点 2		
3		要点 3		
1		要点 1		
2	胜任能力	要点 2		
3		要点 3		
1		要点 1		
2	职业素养	要点 2		
3		要点 3		

需要强调的是，对于每一个具体经历的描述最好采用"关键词＋数字"的方式进行说明，少用诸如"成绩突出""表现优秀"等形容词，这些词用了等于没有用，多使用具体事例和数字进行佐证更能够说明问题。

（2）简历要有针对性，体现人岗匹配。求职者具有用户思维的第一要则就是不要一份简历包打天下，首先，要根据不同公司、不同行业性质准备不同内容的简历。比如，如果应聘外资企业，要在简历中强调英文水平、学习能力、领导力、团队合作精神、沟通能力等；如果应聘国有企业，则要强调教育背景、政治面貌、获奖情况、学习成绩优异、性格踏实稳重等。

其次，要通过简历说服用人单位你就是这个岗位的最佳人选，因此要根据不同岗位要求准备定制化的简历，也就是按照前面分析的那样，根据招聘启事中对工作经验、胜任能力和职业素养等方面的要求制作出有针对性的简历。比如，A 岗位是销售助理岗，要求候选人具备相关行业经验和良好的销售业绩，你就应该在简历中清楚地陈述与销售有关的经历和事实，并把这些信息放在突出的位置；B 岗位是活动策划岗，注重活动策划和执行的经验，你就要重点介绍你做过的类似工作，如在大学期间组织社团活动等。

情境案例

应聘客户营销岗

小明目前任职于某城市商业银行的客户经理岗，负责开发和维护银行的 A 类零售客户，提升其金融资产购买金额。由于家庭原因，小明需要换到一个新城市工作，他决定找与现在从事工作相似的机会，刚好这个城市的某个大型国有商业银行客户营销岗缺人，在招聘广告上针对这个岗位职责的说明如下。

银行客户营销岗岗位职责：

1. 负责开展客户分层、分类分析，拟写客户分层营销维护方案、客户结构调整方案等。

2. 负责不同层级个人客户权益体系的搭建工作，包括但不限于积分管理、满减活动、特惠活动、贵宾服务等，并根据同业调研及时更新我行客户权益。

3. 负责推动个人客户营销工作，并协助开展产品宣传。

4. 研究分析目标市场及同业竞争态势，制定重点客群、重要客户营销指导意见及推进措施，并督导分支机构根据营销指导意见落地实施。

在阅读了岗位要求后，小明准备在求职简历中按照以下三个方面组织自己的工作经验描述：

- 市场分析：……

- 客户维护：……

- 团队管理：……

但是对比工作岗位描述可以发现，这三个维度并没有与岗位描述中相关的能力关键词呼应，读下来不会让人感觉应聘者的工作经验和岗位是足够匹配的。

经过仔细阅读岗位描述，小明按照以下三个维度重新组织了自己的简历结构：

- 市场及竞品分析：……

- 客户分层运营：……

● 客户营销：……

显然，经过调整后的简历和岗位描述有了直接呼应，大大提高了简历和岗位需求的匹配度。

（3）用数据更有说服力。比起大段的文字描述，数字更能展示成绩、凸现个人亮点、吸引招聘主管的注意力，所以求职者写简历时一定要善于挖掘经历中能够用数字证明的部分。比如，你在简历里为了说明自己有项目管理能力，一种写法是"本人具有良好的产品管理能力"，另一种写法是"本人具备产品管理能力，曾经带队 5 人协调研发、设计、运营资源，用 3 个月将用户留存率提高了 47.5%"。显然，后面一种写法更有说服力，使用确凿的数据提升了简历的可信度，也可以使你的简历更容易打动招聘主管。要牢记：数据化的展示是最有效的表达方式，是量化成果最有力的证据。

（4）用 STAR 框架描述工作经验。STAR（情境—任务—行动—结果）框架在本书的 3.2 节中介绍过，使用这个框架描述自己工作经验的好处在于可以充分展示自己分析、阐述问题的清晰性、条理性和逻辑性。

情 境 案 例

新媒体运营经验介绍

小刘准备应聘一个新媒体运营的岗位，他在简历中是这么介绍自己相关工作经验的：

我加入 ×× 公司时，公司的抖音账号刚起步，粉丝只有几百人（S：情境）。

公司要求我策划品牌营销活动，在 3 个月内将抖音号的粉丝提升至 5 万（T：任务）。

我花了两周时间深度访谈 100 名用户，了解他们在我们公司产品上的体验峰值，设计了一系列的品牌推广短视频；我又带领团队花两周时间研究 DOU+ 等工具，了解了抖音的涨粉技巧（A：行动）。

通过 3 个月的运营，抖音粉丝从几百上涨至 6 万，超过了公司的预期（R：结果）。

这样一写，马上就有了丰富的细节，你的经历就从短短的一句话，变成了一个有血有肉、真实打拼过的成功案例。

在这里需要强调的是，用词时要善于用动词，多用"动词 + 宾语"的句式，比如"改善 × × 方法、推动 × × 项目、完善 × × 流程、实现 × × 目标"等，这样的用词能够体现自己扎实的功底。实际上，大多数招聘主管心里都有数：越是水分大的简历，形容词越多，如"有效 × ×、仔细 × ×、专业 × ×"等，这些大而空的表达方式从侧面反映了求职者是缺乏相关经验和能力的。

（5）强调结果而非过程。简历中要突出强调自己的工作成果而非泛泛而谈地介绍自己做过什么，因为强调结果，提供证明资历、能力的事实和资料，可以更好地突出自身亮点，提升可信度。

比如，求职者组织过一场校级的大型演讲比赛，在介绍这段经历时应该着重说明演讲人数、活动场次、听众人数，这样才

189

能体现活动效果，说明成绩，反映组织能力、宣传能力、策划能力等。

再比如应聘新媒体运营岗位，求职者与其介绍自己在哪个阶段在哪家公司从事新媒体运营，不如直接改为"负责公司 ×× 订阅号，完成日更内容的策划、撰写、发布以及用户互动，围绕 ×× 热点撰写了 ×× 文章，在职期间总计撰写 ×× 文章，阅读量达到 ××，涨粉 ××"。

情境案例

只有过程，没有结果的简历是什么样的

小李应聘财务岗位，在准备简历时他开始是这么描述工作经历的。

流程审批：根据报销单据、发票和员工报销额度，审批系统中的报销流程。根据每月的资金付款计划，供应商的发票、合同等信息，审批财务付款流程。与合约部门对接沟通，将分批付款的发票和合同重点标记，保证后续审批的效率。

很明显，这样的写法只是介绍了过去"做了什么"，招聘主管根本无法根据这段文字判断小李的工作绩效，也就无法判断其工作能力。

经过提醒，小李意识到简历不能只写过程，没有结果，按照"体现结果"的思路，他将这段文字做了如下修改。

流程审批：独立负责公司 300 名员工的报销流程，包括审批系统流程、审核票据信息、审批财务流程。主导与合约部门对接，梳理重点合同、特殊发票处理方案，将审批效率提升 40%。

我们从修改后的表述中可以看到，通过强调"独立负责 300

名员工的报销流程"能够体现求职者可以承担的工作负荷量；通过"将效率提升40%"，体现了求职者对公司的正向价值，有效地佐证了其能力。

（6）撰写一封亮点突出的求职信。如果是以邮件的方式发送简历，可以在邮件正文写一封求职信，主要作用在于引导招聘主管导读简历，突出亮点，并且展示自己的文字功底。求职信的写法也可以用结构化的方式，如图6-4所示。

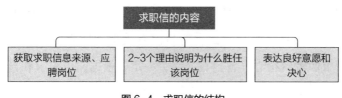

图6-4　求职信的结构

总之，制作一份吸引招聘主管的简历必须具有用户思维，搞清楚需求，将需求与自己的特点与优点匹配，展现自己的亮点，并保证排版清晰、结构分明，辅之以求职信进行导读。这样的简历投出去就可以坐等面试通知了。

6.2 自我介绍：讲好关于自己的故事

我们在参加面试时、面对公众做演讲时总是需要做自我介绍。根据心理学中的"首映效应"，第一印象往往造成先入为主的沟通效果，虽然这些第一印象并非总是正确的，却是最鲜明、最牢固的,并且决定着以后双方交往的进程。而在面试、演讲等面对陌生人的场合下,自我介绍恰恰是形成第一印象的基础,不可以平常心对待。

在面试中,面试官之所以会让我们先做自我介绍,一般出于以下考虑:第一,参加面试的人很多,需要通过自我介绍环节迅速熟悉求职者的情况,并同时用这个时间再次浏览求职者的简历;第二,通过这个环节了解求职者的情况,在听完自我介绍后对求职者有个大致印象,根据初步评价判断是否有必要重点考察该求职者,并且根据求职者的特点进行有针对性的提问。

由此可见,要让面试官对自己有兴趣、形成良好的第一印象,求职者应精心准备自我介绍,一定要根据岗位需求和自己的特点做一个恰到好处的自我介绍,牢牢吸引住面试官。

那么,如何在面试环节通过精彩的自我介绍开场呢?在这里,我将告诉你三个易学好用的框架:IPRA框架、故事框架和MTV框架。

1. IPRA 框架

(1)IPRA 框架的结构(见图 6-5)。

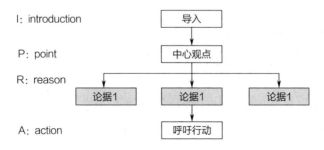

图 6-5　自我介绍的 IPRA 框架

◎ I：导入

导入部分被视作"口头的握手"，用于和听众建立联系，引起听众的兴趣，使之有兴趣且有耐心听下去。抓手不仅要能吸引听众，还要与你讲的要点相联系。比如在面试中，自我介绍的抓手部分可以是感谢面试官给予自己机会，也可以进一步说出自己对公司是多么地景仰，从而表示自己应聘该公司的诚意。

《即兴演讲：掌握人生关键时刻》的作者朱迪思·汉弗莱（Judith Humphrey）曾在该书中提到："多年来，我面试过很多想入职汉弗莱集团的人，我总是注意候选人的开场发言是不是提及我们公司，面试一个对公司很感兴趣的候选人会让我更加兴奋。"

◎ P：中心观点

中心观点，即在这段沟通过程中自己的核心观点是什么，具备以下特征。

193

第一，中心观点是沟通信息中的重点，必须围绕这个重点，如果没有重点，观点太多，则会使听众不知所云，等于没有观点。

第二，必须清晰、简单，可以用一句话概括，越简单，则要点越突出。

第三，中心观点要足够吸引人，最好能够打动听众的心。

第四，中心观点要积极正面，包含希望、目标、可能性和成就，传递满满的正能量。

第五，清晰可辨。采取强势、明确、宣告式的陈述方式，以确信的语气凸显自己的观点，还可以用"我认为""我相信""事情是这样的"等语言作为标识中心观点的信号。

◎ R：论据

论据的作用在于说明了自己所提出的观点后，还要解释为什么，这些论据之间也要以一定的结构进行呈现，常用的结构包括以下四种。

第一种，原因模式，即罗列各种原因来支持主要观点。比如，你的要点是"我是一个勤劳肯干、善于动脑筋的人"，则需要通过几个理由或事例来证明你的这种特质。

第二种，方法模式。这里呈现的是实现中心观点可以采取的具体行动方式，即解决问题的步骤。比如，你的中心观点是"我知道我可以解决这个客户服务的问题"，论据则是解决这个问题每个步骤的内容是什么。

第三种，时间顺序模式，即通过时间序列详细描述讲话要点。比如，要点是"我出色地完成了 6 个月的实习工作"，接下来的要点可以是以时间为轴介绍每个阶段取得的业绩。

第四种，地点顺序模式，与时间顺序模式的逻辑大致相同，以地理位置为轴展现论据以支持论点。

◎ A：呼吁行动

这个部分通常呼吁听众采取行动，也可以告诉听众你打算采取的行动，或者总结大家应采取的一些协同行动。这也是一个再次强化自己的观点，感染、吸引、启发和激励听众的过程。

（2）如何将 IPRA 框架运用于自我介绍。和准备简历一样，设计自我介绍时也要具有用户思维，求职者应先根据所申请职位的需求，精确地将自己的优劣势与职位所需技能和经验进行对比，再开始准备列举自己适合这个职位的原因。

抓手部分可以是感谢面试官给予的机会，也可以展示自己对于公司或者面试官的了解，并且对于公司非常感兴趣，以此打动面试官，让面试官感觉到求职者已经做了充分的准备，非常有诚意。

中心观点是自己正是这个职位的最佳人选。

论据可以从教育背景、实习经历（工作经历）、以往的业绩、价值观等各个层面分别说明。

呼吁行动部分则可以是在总结亮点的基础上表达自己很期待来公司工作的意愿。

值得注意的是，根据记忆力规律，建议论据的要点不可过多，3 点足矣。如果自我介绍的时间比较短，如只有 10 秒，可以只说中心观点。如果没有足够时间把论据全部说完，可以根据重要性，把最能说明中心观点的亮点放在前面。

此外，按照这个思路准备自我介绍，即使没有自我介绍环节，也可以在面试官问到相关问题时抽取部分内容进行回答。比如在回答"你为什么对这个职位感兴趣？"这个问题时，就可以抽取抓手和中心观点的内容进行回答（包括自己对这个职位感兴趣、自己对公司的认识，自己适合这个岗位的理由）。

为了将上述问题想得清楚、说得明白，建议用思维导图呈现这个结构化的模板。这样做的好处是，当自我介绍的时间要求不同时，求职者可以很快确定在有限的时间内讲什么。比如只有 10 秒，主要讲抓手和中心观点；如果有 30 秒，则可以增加一个最相关的论据；如果有 2 分钟，就来得及呈现主要的论据；如果时间充足，就可以在各个论据下讲具体事例来进一步论证了。

用 IPRA 框架让你的自我介绍亮起来

某知名教育机构招聘从事市场营销方面课程设计与讲授的培训师一名,对于应聘者的要求是具备 5 年以上从业经验,可以独立设计与讲授营销方面的课程,并且能够根据客户需求开拓新的课程。

作为应聘者,小李在准备自我介绍时画出了如图 6-6 所示的思维导图。

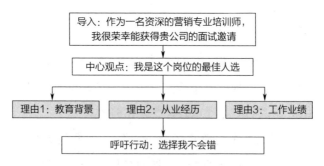

图 6-6 按照 IPRA 框架进行自我介绍的思维导图

按照以上思维导图的结构进行自我介绍,小李顺利地获得了这个职位。

综上所述,IPRA 框架的优点在于通过清晰的框架更有条理性、更有针对性地回应职位需求,并且有利于应对各种不同时间要求的自我介绍,从而打动面试官,形成良好的"第一印象"。

2. 用故事框架搞定自我介绍

如果我们把自我介绍看作一个免费打广告的过程,特别是把面试中的自我介绍看作一个推销自己、说服面试官的过程，那么此时的自我介绍一定要使自己在众多应聘者中脱颖而出，在给人留下深刻印象的同时还能形成良好的第一印象，并且拉近和面试官的距离。

要达到这样的效果，特立独行、与众不同自然是制胜法宝，但此时一个恰到好处、引人入胜的故事更是助力精彩自我介绍的秘密武器。乔布斯说过：全世界最有影响力的人就是"说故事的人"。

自我介绍的时间一般很短，通常是 1~2 分钟，要在这么短的时间内讲好一个关于自己的故事，还要做到完整和吸引人，确实需要创意。那么，如何准备好一个关于自己的故事呢？在这里借鉴许荣哲先生《故事课》一书的讲故事公式，我们可以选用以下框架（见图 6-7）。

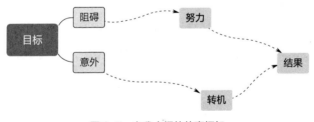

图 6-7　自我介绍的故事框架

（1）故事框架

◎ 框架一：努力人框架

"努力人框架"就是一个努力努力再努力，围绕目标持之以恒，最终守得云开见月明的过程，故事的精彩之处在于尽管阻碍不断，主人公却能够在不断努力的过程中获得成长，最终实现自己的目标。

◎ 框架二：意外人框架

"意外人框架"的亮点在于不可思议，超乎想象，最终的结果虽然与目标背道而驰，但是峰回路转的情节设置让人感叹的同时回味无穷。

（2）故事框架如何应用于自我介绍。基于故事框架作自我介绍，首先要有用户思维，思考对方可能最关心什么？对方最希望认识什么样的人？自己希望通过这个介绍传递何种信息？让对方形成何种印象？主要的目的是能够引起对方的兴趣，在形成良好印象的同时提升自己的可信度。

下面以某个具体的面试场景为例说明如何使用上述框架讲一个关于自己的故事。

情境案例

应聘新媒体营销岗位的自我介绍

如果你准备去应聘一个新媒体营销岗位，你准备如何去讲关于自己的故事呢？

讲故事前思考以下问题：

第一，为什么我是这个岗位的最佳人选？

我在这方面很有天赋，也拥有相关工作经验，取得的业绩比较好。

第二，我希望面试官听完我的故事后形成何种印象？

我很合适这个岗位。如果希望面试官看重自己认真和执着的一面，建议用"努力人框架"；如果希望面试官看重自己幽默和活泼的特质，而且同时参加面试的人比较多，建议用"意外人框架"。

以下两个小故事仅供参考。

故事一："努力人框架"

目标：我是一个屏幕控，致力于通过微信和微博传递自己的声音，在这个人人都是自媒体的时代，希望成为网络大咖。

阻碍：可是我只是一名在校大学生，名不见经传，影响力非常有限。

努力：我开始一方面加强学习，另一方面建立了网络社群，组织了一群志同道合的小伙伴一起努力。

结果：我的网络社群在学校已经小有名气，吸引了 400 多名粉丝，我自己制作的微信公众号也有了 800 多人的关注，在简书上的 6 篇文章还获得了 1 万以上的阅读量，并且得到了 1000 多元的打赏奖金与稿费。

故事二："意外人框架"

目标：与前面一致

意外：我搭建的以"成为斜杠青年"为主题的微信公众号获得了 8000 多粉丝，也是学校小有名气的公号。在一个线下推广活动中，认识了一位女孩，相互一见钟情，她运营了一个关于校园美食和生活的公号。

转机：收获了爱情的同时我们开始强强联合，进行公众号的互推，并且一起建立了线上学习社群。

结果：虽然离网络大咖的距离还远，但是收获的爱情已经使我朝这个目标又近了一步。

199

限于篇幅，以上只是描述了故事梗概，在实际讲述时可以在细节和语言方面进行润色，使故事更加精彩。

无论"努力人框架"还是"意外人框架"都只是我们的工具，在具体使用和设计情节时一定不要忘了自我介绍的功能：自我介绍就是推销自己的免费广告。广告要让对方有兴趣，关键在于用户思维，即自己的故事解决了别人的问题吗？能够给对方带来价值吗？对方感兴趣吗？这才是我们讲故事的根本。

3. MTV 框架

MTV 框架示意图如图 6-8 所示。

图6-8　MTV 框架

按照 MTV 框架，在面试时作自我介绍时，需要说明以下三个问题。

问题一：我是谁，介绍自己的教育背景和工作经历，可选内容包括：

- 名校求学经历；

- 名企工作（实习）经历；

- 与岗位相关的学习经历；

- 与岗位相关的工作经历。

问题二：描述成就的事件，让面试官相信你为什么胜任这个岗位，可选内容包括：

- 描述与岗位相关的成就事件；

- 重点说明 1~2 个案例；

- 业绩要用具体数据体现，切忌假大空。

问题三：能够带来的价值，说服面试官为什么要录用你，可选内容包括：

- 总结自身与岗位相关的优势和能力；

- 结合组织发展需要，说明如果被录用能给组织带来的价值；

- 带来的价值与岗位密切相关。

下面通过一个实例说明。

情境案例

应聘某知名外企海外市场专员的自我介绍

我是来自香港中文大学国际商务专业的硕士毕业生 ×××，去年在 ××× 公司海外市场部实习 6 个月，担任海外商务助理，协助海外市场经理通过网络开拓海外市场业务。在实习期间，我协助经理发展海外客户共计 70 个，其中欧洲 40 个，美国 20 个，非洲 10 个，实现海外市场销售额 2000 万元（以上通过介绍教育背景和实习经历说明"我是谁")。

在实习期间，我协助经理重点开发了一个欧洲的大客户，当时主要的工作重点在于如何通过网络相互取得信任，达成合作意向……通过 3 个月的密集在线沟通，最终我们成了合作伙伴。在我离职前，这个大客户已经与我方签订了一个合同金额超过 100 万美元的订单（通过讲一个开发海外市场客户的故事描述工作成就，用具体的数据说明成绩）。

我相信我在国际商务方面的学习经历和在知名企业从事海外市场开拓的实习经历能够让我胜任海外专员这一岗位的需求。如果能够被贵公司聘用，我将为企业更好地开拓海外市场贡献自己的力量（通过总结自己的优势论证可以给公司带来的价值）。

6.3 无领导小组讨论：
用结构化汇报脱颖而出

无领导小组讨论已经成为面试的一种常见形式。这种面试一般由 5~8 个应聘者组成一个小组，大家通过讨论的方式一起应对一个需要解决的问题，经过成员各种观点和思想的碰撞、提炼，共同找出一个最合适的解决方案。在讨论的过程中，由于每个成员都处于平等的地位，没有指定的领导，因此被称为无领导小组讨论，简称"群面"。

由于这种面试比较节约时间，且对应聘者要求较高，面试官在旁边观察，很快就能对应聘者的综合能力进行较为全面的判断，因此这种面试形式已经被越来越多的面试官青睐。

群面的题型一般包括案例分析型、问题解决型、技能考察型，重在考评应聘者的沟通能力、分析能力、应变能力、团队合作能力、人际影响力及自信心，由于对应聘者综合素质的要求较高，且很难提前准备，可以说是应聘者最害怕的一种面试方式，却是用人单位最青睐的一种方式。

实际上应聘者只要具有结构化思维的理念，善于运用结构化汇报，无论是何种群面都可以做到游刃有余。具体而言，将结构化汇报应用于群面的整个流程具有以下好处：第一，结构化汇报帮助应聘者在审题时清晰界定问题，精准聚焦于目标；第二，在思考过程中，应聘者可以迅速通过框架将隐性思考的过程显性化；第三，在发言时，应聘者可以逻辑清晰地表达自己的观点；第四，在讨论过程中，应聘者可以准确提炼其他人的发言观点，推动团队合作；第五，在总结发言时，应聘者可以进行简短有力的陈述，给全场留下深刻的印象。

既然结构化汇报能够帮助应聘者在群面中迅速脱颖而出，那么究竟如何将结构化汇报应用于群面的各个步骤中呢？

具体而言，群面的流程如图 6-9 所示。

图 6-9　群面的流程

围绕上面的流程，下面将结合案例逐一介绍在群面的每个阶段如何用好结构化汇报，助你在群面中脱颖而出，获得面试官的青睐。

203

1. 审题阶段：明确任务目标、清晰界定问题

（1）明确任务目标。在群面开始前，面试官会给小组交代要讨论的话题或者要解决的问题，一般都是在某种假设的情境下通过小组讨论做出群体决策。按照结构化思维的要求，在分析决策之前，第一要义就是在纷繁芜杂的信息中化繁为简，为决策找准目标，这样才能保证讨论时不偏离方向，并且能够拿出有效决策。

如何化繁为简，找准目标呢？下面先请你来看两个群面实战题。

群面实战题 1：

假设某飞机正在飞行过程中，飞机上一共有 5 名乘客，分别是科学家、政治家、将军、教育家和企业家。突然，飞机剧烈颠簸，云层中的强大气流让人不知所措。这时，机长通过广播宣布：为了保证飞机安全，我们必须扔下一名乘客，请大家快速做出决定，把谁扔下去？

群面实战题 2：

假设私人飞机坠落在荒岛上，只有 6 人存活。这时逃生工具只有一个仅能容纳一人的橡皮气球吊篮，没有水和食物。请问谁应该坐上这个吊篮逃生？这 6 个人分别是：

孕妇：孕期 8 个月；

发明家：正在研究新能源（可再生、无污染）汽车；

医学家：多年研究艾滋病的治疗方案，已取得突破性进展；

宇航员：即将远征火星，寻找适合人类居住的新星球；

生态学家：负责热带雨林抢救工作组；

流浪汉：历经人生艰辛，生存能力较强。

看到这两个题目，你首先会想到什么？你认为决策关注的重点是什么？

通常，大家关注的重点是这些人对于社会的贡献。比如第一个题目，多数参与者往往倾向于根据自己的价值观来分析谁是对社会最没有价值的人，然后把这个人扔下去；第二个题目则多论证谁对社会贡献最大，谁就应该坐上吊篮逃生。在这个激烈的讨论过程中，可以看出不同的参与者对于职业的理解、对于社会发展的理解等存在较大的差异，因此很难达成共识。

然而，这样的思路在纷繁芜杂的信息中找准了方向吗？你有没有发现这样的讨论之所以很难达成共识是因为大家迷失了方向？那么决策的目标应该是什么呢？

其实，第一个题目你最应该关注的是将某个人扔下飞机的目的是什么？如果目的是让飞机减重，那么讨论谁最没有价值是毫无意义的，直接比较体重更有效果。

第二个题目应该关注的重点是选择一个人坐上吊篮逃生的目的是什么？是将唯一的生存机会留给这个人，其他人都坐以待毙吗？显然不是。更准确的目的应该是谁逃生后的生存概率最大，剩下的人可以抱团取暖，等着逃生的人搬来救援，此时最值得关注的重点是哪种安排对这个小集体的利益是最大的。

由此可见，如果没有聚焦于正确的目标，那么我们就会在大量的信息中迷失方向，不得要领，距离决策的起点越来越远。

205

（2）清晰界定问题。如果没有清晰界定问题会有多严重的后果呢？我们通过一个案例说明。

情境案例

没有清晰界定问题，后果有多严重

某公司给面试者出了一道群面题：

假如你在一家制造类企业工作，你们公司生产 N 种产品，现在公司想降低 A 产品的成本，以此增加毛利润，请在讨论的基础上汇报你们小组的方案，时间 30 分钟。

在讨论过程中有人这样陈述：

我认为随着智能技术的普及，可以推动办公系统的智能化改造，具体而言，从以下渠道入手：第一……

如果你是考官，听到这样的陈述，感觉如何？有没有发现跑题了？为什么这样说呢？

因为问题是在降低成本的基础上增加毛利润，而与毛利润相关的成本包括原材料成本、生产工人的成本等直接成本，至于推动办公系统的智能化改造是不会影响直接成本的。

在群面中之所以有人长篇大论却不得要领，甚至离题千里，就是因为审题不清，没有找准问题，命中靶心，因此定义清楚问题是关键的第一步。那么该如何找准问题呢？下面介绍三个招数。

◎ **准确描述问题**

很多问题看似宽泛，其实运用结构化思维，必要时画出思维导图可以清晰地设定问题的边界。在设定好问题的边界后，思考

问题的方向也就明确了。比如前面的案例，可以通过画出思维导
图对问题进行准确描述（见图 6-10）。

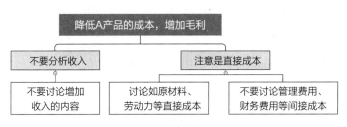

图 6-10　对问题进行准确描述

有了上面的思维导图作为提示，一方面可以使自己的分析不
偏离方向；另一方面当其他人出现偏离时也可以及时提示对方，
以此为自己加分。

实际上，在条件允许的情况下，为了使问题更为清晰，找准为
解决问题而需要努力的方向，我们还应该在进一步思考的前提下把
一些非量化、模糊化的问题转化为可量化和可例证的具体问题。

还是以上面的问题为例，这个时候如果想更加清楚地界定问
题，还应该了解增加毛利润的目标是多少？需要在多长的时间内
达成目标？

◎　明确问题的构成要素

在准确地描述问题后，我们可以进一步分解问题，明确问题
的构成要素。

比如上面的问题，问题的构成要素包括：①降低原材料的途
径；②降低直接劳动力成本的途径。

上述问题的构成要素相对简单，而有的问题可能比较复杂，
需要使用 5W2H 框架进行分析。

207

5W2H 框架的具体内容如下。

- 是什么（What）：目的是什么，做什么工作。

- 为什么（Why）：为什么要这么做，原因是什么。

- 何时（When）：什么时间完成，什么时机合适。

- 何处（Where）：在哪里做，从哪里入手。

- 谁（Who）：谁来完成，谁负责。

- 怎么做（How）：如何提高工作效率，如何具体实施。

- 多少（How Much）：做到什么程度，质量水平如何，费用及产出如何。

下面通过一个群面的试题说明如何应用 5W2H 框架。

群面实战演练

某公司有 4 位德国客人来中国进行访问考察，请小组讨论后为公司的 4 位德国客人安排一个行程，并做出成本预算，不能高出规定的水平。这 4 位德国客人周四中午 11 点到达北京，周日下午六点半返回德国，在中国停留三天半。

按照 5W2H 框架分解问题的构成要素，要讨论的细节是：

- 为什么要策划这个安排，目的是什么；

- 该策划的内容是什么；

- 客人具体到达的航班和离开的航班；

- 准备让他们去哪些地方；

- 安排哪些人陪同、哪些人接待；

- 使用哪些交通工具到达要去的地方；

- 多少预算。

后面要做的事情就是紧扣这七个问题进行陈述、讨论和总结。5W2H 框架帮助我们把问题细化，既简化了分析过程，也不会遗漏掉重要问题，还不会偏离方向，提高了决策效率。

◎ **探究问题的本质**

为了保证在正确的方向上解决问题，我们不仅要问"是什么"还要问"为什么"，了解对方问这个问题的原因是什么、为什么会有这个问题的出现。

- 问这个问题的原因是什么？

还是以前面那个问题为例，在实际完成任务时，我们必须了解领导为什么问这个问题？是因为 A 产品的毛利下滑了？还是因为 A 产品的市场前景看好，需要重点发展？因为提问的目的不同，我们分析的重点就会有所不同。

- 为什么会有这个问题？

在问"为什么"时，不仅要了解问这个问题的人出于什么原因，有时还要分析在问题的表象下真实的原因是什么，即为什么会产生这个问题？问题的根源是什么？很多时候，提问的人也未必知道为什么会有这个问题，需要我们进一步深入剖析。

这个时候建议用 5WHY 分析法。

5WHY 分析法又称为"五问法"，为了探究问题的根本成因，对一个问题点连续刨根问底，5 只是一个概数，并不一定是 5 次，可以根据需要确定次数，直到能找到根本原因为止。

5WHY 分析法的目的在于找到问题产生的根源，因此在分析时应该尽可能避免先入为主的假设和逻辑陷阱，从结果入手，按照因果关系的逻辑顺藤摸瓜，直到找到问题的根本原因。

还是以前面的问题为例，先分析领导提出这个问题的原因是：因为 A 产品的毛利润持续下降，领导想让你从成本角度分析对策。我们可以按照 5WHY 分析法画图分析，如图 6-11 所示。

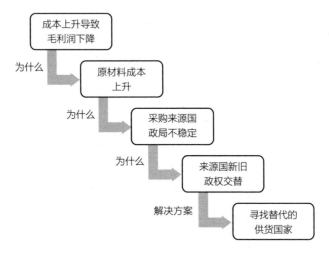

图 6-11　用 5WHY 分析法找出问题的根源

通过 5WHY 分析法找出了问题的根本原因，后面再分析对策就变得简单多了。

总之，在审题阶段通过界定问题的边界、明确问题的构成要素和探究问题的本质这三个招式可以帮助我们清晰地定义问题。

2. 判断分析阶段：做好分类，善用框架

（1）基于 MECE 原则进行分类。在群面中有一种题型为要素排序类，这种题目是在给定的情境下列出诸多备选项，然后要求应聘者在多种备选项中选择几种有效的答案或者对备选项的答案重要性进行排序，这种题型主要考查应聘者分析问题实质、

抓住问题本质方面的能力，同时评价应聘者全方位分析问题的能力和人格特点。

　　针对这样的问题，如果应聘者善于使用结构化思维中的MECE原则，即对信息进行归类分组时按照"相互独立、完全穷尽"（MECE）的原则进行，问题就变得相对简单了。

　　下面举例说明。

群面题

要素排序类示例

　　做一个成功的领导者，可能取决于很多的因素，比如：

（1）善于鼓舞人；

（2）处事公正；

（3）办事能力强；

（4）独立有主见；

（5）善于化解人际冲突；

（6）能充分发挥下属优势；

（7）言谈举止有风度；

（8）有亲和力；

（9）善于沟通；

（10）能通观全局；

（11）能坚持原则又不失灵活性；

（12）有明确的目标；

（13）有威严感；

（14）熟悉业务知识；

（15）有决断力。

请小组在讨论后，分别从上面所列的因素中选出一个你们组认为最重要和最不重要的因素，并说明原因。

审题后，运用结构化思维的基本工具——思维导图，遵循MECE原则可以对15个要素进行以下分类（见图6-12）。

图6-12　结构化思维导图

按照MECE原则分类，画出上述思维导图，15项变成了5项，问题变得相对简单了，这时可以根据自己对于领导工作主要职责的理解进行排序。如果运用MECE原则衡量这15个项目的关系，就可以发现有些项目之间是有重合的，比如"（9）善于沟通"就包括了"（7）言谈举止有风度"，那么在讨论时指出这样的问题自然会让考官对你青睐有加。

（2）善用框架，让思考变得高效和全面。结构化思考强调善于选择合适的框架进行系统的思考和表达，从而简化思考过程，使表达更全面清晰。

框架是对系统构成元素以及元素间有机联系的简化体现，框架的来源包括三个方面：已有的框架、改善的框架、全新的框架。

对应聘者而言，建议多掌握常用的框架，如分析环境的PEST、SWOT，制定目标的SMART，营销策略的STP、4P等，尤其应该掌握自己所在专业领域的经典模型与分析问题的工具，这样在思考和表述问题时可以更好地体现自己的专业性。

群面实战举例

在群面中，有这样一个题目。

如果你是某酒店经理，上任后发现上个季度没有完成上级下达的利润指标，目前存在的问题如下。

（1）餐饮部饮食缺乏特色，餐食水平较低，职工意见大，服务也不好，对外宾缺乏吸引力，导致外宾到其他酒店就餐。

（2）分管组织人事工作的党委副书记调离一个多月，人事安排无专人负责，无法调动员工工作的积极性。

（3）客房、餐厅服务员不懂外语，接待外宾靠翻译。

（4）服务效率低，客房挂出"尽快打扫"门牌后，仍不能及时把房间打扫干净，旅游外宾意见很大，纷纷投宿其他饭店。

213

（5）商品进货不当，造成有的商品脱销，有的商品滞压。

（6）总服务台不能把市场信息、客房销售信息、财务收支信息、客人需求和意见及时传递给总经理及客房部等有关部门。

（7）旅游旺季不敢超额订房，生怕发生纠纷而影响酒店声誉。

（8）仓库管理混乱，物资堆放不规则，失窃严重。

（9）任人唯亲，有些领导干部的无能子女被安排在重要岗位上。

你认为为了完成这个季度的任务，现在最需要解决的三个问题是什么（要求按照重要性依次排序）？为什么？最终需要整个小组得出一个统一的答案。

这个问题虽然涉及的要素较多，但是如果能够运用利润分析框架进行思考，则很容易做出清晰和全面的判断，如图 6-13 所示。

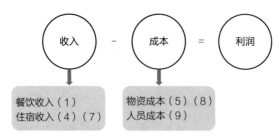

图 6-13　利润分析框架

通过以上框架，我们可以把相关因素分门别类地放到对应的位置中，由于（2）（3）（6）几项并不是直接影响收入或成本的项目，基本都属于管理上存在的问题，要在短短的一个季度内解决这些问题有一定的困难，因此可以不纳入考虑范围。

经过这个思考过程，我们可以缩小选择范围，然后结合哪些选项对收入或成本影响更大，并且考虑哪些选项在较短的时间内更容易改进就可以进行排序了。

3. 陈述观点阶段：用严密的逻辑打动听众

通过前面的审题、界定问题和分析问题，你已经有了好的想法，想清楚了，还要说明白，那么发言时如何用严密的逻辑打动听众呢？建议你使用 6.2 节的 IPRA 框架。

下面用 p204 页的群面实战题 2 来解析如何应用这个框架。

在前面的审题阶段，我们分析过解决这个问题的目标应该是：哪种选择对于这个小集体的利益是最大的，也就是谁坐上吊篮逃生后的生存概率最大，剩下的人可以抱团取暖，等着出去的人搬来救兵。

现在我们经过分析已经有了好的想法，运用上面的 IPRA 框架画出以下思维导图（见图 6-14）。

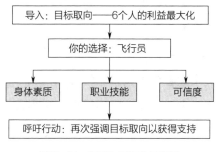

图 6-14 IPRA 框架应用举例

在三个理由中，身体素质和职业技能是为了论证飞行员不会浪费这个机会，可信度是为了论证飞行员逃生后可以搬到救兵。

为什么讲三点呢？这是为了方便记忆，提升逻辑，在《结构化表达：如何汇报工作、演讲与写作》一书的 3.6 节中就如何养成讲三点的习惯有专门的说明。总之，善于讲三点，用简单的思考结构让我们说得更明白，对方听得更清楚，而且也能够记得住。

4. 讨论阶段：善于倾听和言必有中

（1）边听边画，一张图搞定倾听。在群面中，面试官除了考查应聘者的思维能力、应变能力、决策能力、口头表达能力等能力，也非常看重应聘者的团队合作能力。所以在群面中，应聘者不能只顾自己说，还要尊重其他成员，注意在聆听他人发言的基础上进行补充和完善，从而为小组任务的完成做出更多贡献。

在这个时候，除了应用前面介绍过的分析技巧、表达技巧，应聘者必须应用倾听技巧，在大家你一言我一语的讨论中抓到主要的观点。此时，如果应聘者能够熟练地手绘思维导图进行速记，就能记录下大家的发散性思维，便于应聘者在提炼观点的基础上形成自己的想法。

思维导图是用于表达发散性思维的有效图形工具，它简单且有效，是一种实用性思维工具。思维导图图文并重，能够把各级主题的关系用相互隶属与相关的层级图表现出来，特别适合在头脑风暴这种发散性讨论的场合作为一种记录工具。

思维导图的好处在于可以详细地记录发散性思维，便于修改和联想，也便于随时增补，而且这种逐一分层的表达方式也能够充分体现层次性，形象而直观。

在群面中如何用思维导图做记录呢？下面举例说明。

群面实战举例

背景材料：现在发生海难，一艘游艇上有8名游客等待救援，但是现在直升机每次只能救一个人。游艇已坏，不停地漏水。寒冷的冬天，海水冰凉刺骨。

游客情况：

将军，男，69岁，身经百战；

外科医生，女，41岁，医术高明，医德高尚；

大学生，男，19岁，家境贫寒，参加国际奥数比赛获奖；

大学教授，50岁，科学领域某研究项目的负责人；

运动员，女，23岁，奥运金牌获得者；

经理人，35岁，擅长管理，曾将一大型企业扭亏为盈；

小学校长，53 岁，男，劳动模范，"五一"奖章获得者；

中学教师，女，47 岁，桃李满天下，教学经验丰富。

请将这八名游客按照营救的先后顺序排序。

作为面试者在参加群面过程中，围绕以上题目，听到了小组成员 A、B、C、D 的讨论，你可以画出以下思维导图进行记录（见图 6-15）。

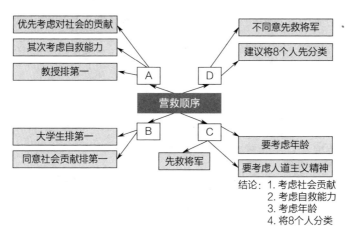

图 6-15　群面时边听边画示例

边听边画图的操作要点如下。

第一，如图 6-15 所示，首先将每个发表意见的人作为思维导图的一个二级节点，只要是他的观点，不管是第几次发言，都统一记录在相应的节点之下。

第二，将图的右下角空出来，用于记录结论。不要等讨论结束了才写结论，而是在讨论过程中及时记录达成共识的结论，即使总结错误也没有关系，因为可以随时修改。

217

第三，如果对谁的观点有疑问，可以在该观点旁边进行标注。

在讨论过程中，应聘者养成随手画图的习惯，既可以又快又准地捕捉其他队友的精彩观点，也可以将讨论的情况和结果一目了然地实时记录在案，后面轮到自己发言时也将更加有的放矢。群面后，应聘者再有意无意地把图秀给面试官看看，可能赢得更多的加分项。

（2）用 GROW 框架做到言必有中。在自由讨论环节，应聘者的常见问题可能包括因为不知道要说什么而保持沉默，或者好不容易抓到了发言机会却表现得不尽如人意，很快就被团队其他成员把话头给抢了过去，然后自己又沉默了下来。

为什么会出现这种尴尬的情况呢？这是因为应聘者的发言内容对讨论缺乏贡献，如果每次发言有理有据，说得恰到好处，才能充分展现自己的风采，争取更多的加分项。

在这里，建议你获得发言机会时使用 GROW 框架（见图 6-16），争取做到言必有中。

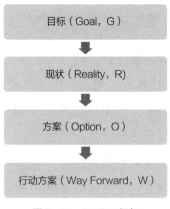

图 6-16　GROW 框架

- 目标（Goal，G）：说明目标是什么；
- 现状（Reality，R）：分析目前的状况是什么样的；
- 方案（Option，O）：解释从现状到目标可以怎样做；
- 行动方案（Way Forward，W）：计划下一步采取什么行动。

还是以上面的群面题为例来说明如何应用 GROW 框架参加讨论。

在自由讨论阶段，假如你在倾听队友发言的基础上已经画出了前面的思维导图，下面你想说出自己的想法，那么应用 GROW 框架，陈述内容如图 6-17 所示。

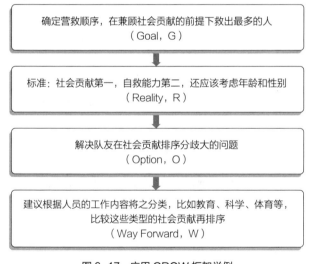

图 6-17　应用 GROW 框架举例

219

按照图 6-17 陈述的思路是：先重申我们讨论的目标（G），总结现在大家达成的共识（R），根据目前的主要分歧提出下面讨论的重点（O），给出具体的行动计划（W）。

由这个例子可知，在自由发言时使用 GROW 模型进行陈述的优势在于：第一，通过目标陈述（G）提醒队友注意聚焦目标；第二，总结已经达成的共识（R），既可以显示自己倾听的效果以体现对于他人谈话的尊重，也有利于团结其他成员；第三，提出行动方案（O），这是在努力为讨论做出贡献；第四，呼吁下一步行动（W），体现自己的组织力和领导力，得到队友的支持。

5. 总结发言：用 SCQA 框架讲一个完整的故事

在群面结束前，小组会指派一个代表进行总结发言，时间一般为 3~5 分钟，目的是向面试官汇报讨论的结果。这个代表一般由成员投票选出，有时也可以毛遂自荐。如果你得到了这个机会，此时是机会和风险并存的，讲得好很容易在这次群面中胜出；一旦讲砸了，就会与机会失之交臂。

那么，该如何做好这个发言呢？推荐你使用 SCQA（情境—冲突—疑问—回答）框架。关于 SCQA 框架的原理详见本书的 3.3 节，作为一个经典的结构化框架，SCQA 可以广泛应用于说服、汇报工作、写作、编写故事以及策划等工作。

下面还是用前面出现过的荒岛求生案例来说明如何将 SCQA 框架应用于总结发言。

如果你被推选为代表去作总结发言，按照 SCQA 框架组织发言思路大致如下。

- 情境（structure，S）：陈述小组需要解决的问题和共同努力的目标。
- 冲突（complication，C）：总结讨论过程中出现的不同意见、主要的分歧点。

- 疑问（question，Q）：如何用达成的共识解决这些分歧。
- 回答（answer，A）：小组的选择和依据。

为了更加具体地对该结构的应用进行演示，假设在讨论过程中大家的争执焦点是围绕孕妇、宇航员和流浪汉进行的，最后选择是流浪汉，那么按照 SCQA 框架组织总结发言的内容如图 6-18 所示。

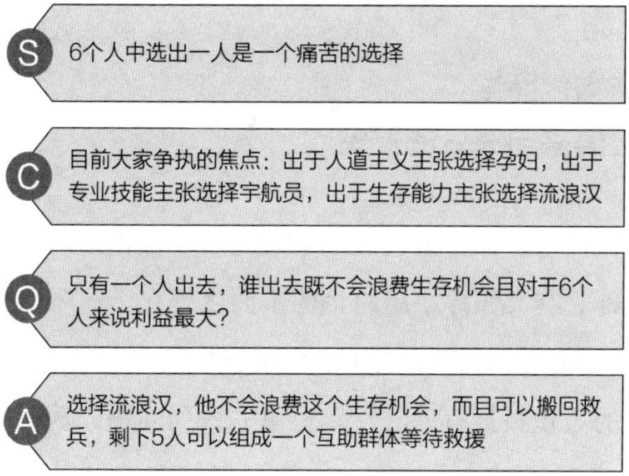

图 6-18　SCQA 框架应用举例

通过上面的分析，你可能已经发现如果按照 SCQA 框架进行总结发言，整个讨论过程将以故事的形式完整地呈现在听众面前，你的出色表现一定会给面试官留下深刻的印象。

总之，能够在群面中胜出的人一般具有以下特点：逻辑思维强，擅长观点融合，具有创新精神，对团队有一定贡献且善于团队合作。如果你能够按照上面所分析的那样，将结构化汇报的技巧应用于群面的每个阶段（见图 6-19），那么你就能在群面中攻无不克，战无不胜。

221

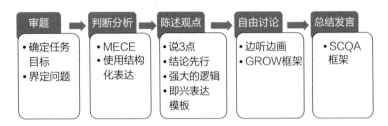

图6-19 将结构化汇报应用于群面每个阶段的示意图

6.4 结构化面试：自信来自充分的准备

在面试环节，除了无领导小组讨论，结构化面试也是必经的一个环节，它与无领导小组讨论的不同之处在于这时往往是多对一或一对一的面谈，多个或一个面试官围绕一位应聘者的简历，根据他们的考核目标有针对性地提出一系列问题，基于应聘者的回答情况判断其岗位适应度，通常考察的内容包括个人求职动机、专业能力、分析能力和学习力、沟通力和领导力等。

在这一过程中，面试官大多是围绕应聘者的求职简历提出问题，因此建议应聘者结合简历和岗位需求以及公司的情况提前做准备。

在结构化面试的一问一答中，应聘者的主要任务是说清楚"我是谁"，借此向面试官展示自己就是最适合这个职位的不二人选。因此在为结构化面试做准备时，应聘者所采用的框架就是认清楚"过去的我、现在的我和未来的我是谁"。与哲学上的三个终极问题"我是谁？我从哪里来？要到哪里去"相似，应聘者通过思考这三个方面的问题能够清晰认知自我。

下面我们来分析一下在面试准备时如何思考"过去的我是谁""现在的我是谁"和"未来的我是谁"。

1. 思考框架之一："过去的我是谁"

"过去的我是谁"这个思考框架引导我们想清楚过去的我是什么样子的？我过去的经历、曾经的教育背景、已经取得的工作业绩、性格特征等为什么能说明我适合这个岗位？如何从这些信息中总结我应聘该岗位的动机？

按照这个框架思考和总结"我从哪里来"，可以帮助我们准备一个说服力超强的自我介绍。在面试过程中，面试官往往倾向于问起与求职者经历相关的问题，如果开始做好了准备，可以很轻松自如地回答这些问题。

比如：

谈谈你的实习经历；

说一说你经历过的最失败的一件事情；

你为什么应聘这个岗位；

工作中你印象最深刻的成功经历……

这些问题在面试中经常被面试官问到，如果我们在面试前已经运用"我从哪里来"的思考框架进行过自我沟通，就可以恰如其分地回答这些问题。

在回答个人经历类问题时，建议采用"背景—思路—行动—结果"的框架（见图 6-20）。

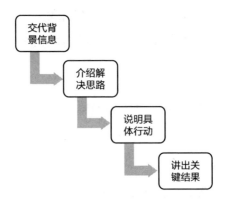

图 6-20　描述个人经历的框架

举例

面试官问应聘者小明：你是如何实现新媒体渠道快速涨粉的？

◎ 改进前

小明：我当时主要去找了各个社交平台上的大 V，通过请他们发布动态、推广我们的账号实现增粉。

我的领导是个男生，在世界杯比赛期间，我们举办了一个"世界杯竞猜，猜中冠军全额退款"的活动，请这些大 V 转发我们的竞猜活动，同时鼓励用户关注我们的账号再转发竞猜，就可以参与抽奖。最高奖励是猜中比赛结果可以免单，这样吸引了很多粉丝关注。

存在的问题：表达没有体系，没有看到应聘者的思考和分析，显得整个过程可能只是凑巧奏效，不能体现应聘者在新媒体运营方面的能力，且存在无效信息，比如领导是个男生。

◎ **改进后**

按照前面的框架，改进如下。

背景：实习期间的主要任务是运营公司新媒体，以涨粉为目标，要求3个月内涨粉数量超过2万。

思路：围绕涨粉目标梳理了三种可能的方法：①根据平时粉丝关注的话题，尝试基于这些话题打造爆款；②因为产品有一定的竞技属性，日常蹭体育赛事板块的相关热点，发布相关内容；③找大V推广账号和活动。

[行动+结果1]：这三种方式，我尝试1个月后发现：靠爆款涨粉不确定性高，涨粉量不稳定；通过蹭热点，涨粉量太少；而在尝试大V推广时，发现有好几个大V使我们的粉丝量显著增长。

[行动+结果2]：我把重心更多地放到了提升大V推广的效率和效果上，包括：制定更清晰的筛选大V的标准，根据以往的推广数据，界定选什么属性的大V比较合适；基于大V的粉丝量、互动量等，设定给大V的费用报价范围，控制成本。

同时，为了提升内容的带粉效率，我还打造了一套让大V产出内容的标准作业程序（SOP），如发图格式、如何引出品牌介绍等，将通过大V获取粉丝的效率提升了至少20%。

[行动+结果3]：我还尝试结合重大体育赛事，通过大V推广我们的活动带粉，效果也不错。我们活动期间的涨粉量是平时的3倍，粉丝累计新增了近1万。

通过以上案例前后的对比，我们可以看到应聘者用这个框架回答有关过去经历的问题，更能够在面试官前展示应聘者的能力，让面试官感到应聘者做事是有方法、有思路、有策略的。

2. 思考框架之二："现在的我是谁"

在思考"现在的我是谁"这个问题时，具体的内容包括：我是如何在众多应聘者中进行自我定位的？对应这个岗位的需求，我的优势和劣势是什么？

自我定位反映了你将如何进行差异化应聘，也就是我们一直强调的亮点展示，亮点体现了与其他应聘者相比较，你有什么独到之处让面试官相信选择你没有错。

优劣势分析的第一个目的是在面试中做到扬长避短。比如，如果面试官问：

你能够介绍一下你的实习经历吗？

你如何评价自己的性格？

……

面对这些问题，如果你已经做过优劣势分析，就可以将对这些问题的回答视作展现自己优势的好机会。

优劣势分析的第二个目的是应对面试官的一些相对苛刻的提问。比如面试官问：

我们更加青睐有相关经验的候选人，你作为应届毕业生，我们为什么要聘用你？

你的英语都没有过六级，我们为什么要聘用你？

……

如果事先你已经想清楚了自己的劣势，当面试官直接揭短时，那么你会有心理准备，并且能够坦然地回答这些苛刻的问题，通过恰到好处的"示弱"技巧将风险转化为机遇。

举例

如何回答"你最大的缺点是什么？"

基本原则是以积极正面的态度回应，强调自己为克服缺点所采取的措施。比如你应聘财务岗时，面试官问"你最大的缺点是什么"，此时不要说"我很粗心"，因为针对财务岗而言，这个弱点是致命的，这说明你不适合做财务。你可以说："我性格比较内向，有时候沟通不够主动，我意识到自己这个问题后，在工作中会要求自己每周至少和业务相关方主动沟通一次，确保工作进度正常。"

227

3. 思考框架之三："未来的我是谁"

"未来的我是谁"实际上就是"我要去哪里的"的问题。面试官不仅关心求职者现在已经具备的能力，同时也关注他们的潜能，看重人才的可塑性。

记得一位人力资源主管说过："我录取的求职者往往能向我证明两个问题，第一，他现有的能力和意愿说明了他是最佳人选；第二，他的潜能和态度能够证明他在这个岗位上前途无限。"

因此，我们对于自己未来的思考就变得非常必要。在求职前，尤其在投递简历前，我们要想清楚自己未来的职业规划，尤其是3~5年的职业规划是什么？我希望将来在哪个行业、哪种类型的工作岗位上有所建树？做出这个规划，我们不仅要结合自己的专业、强项和自己对行业的分析与把握，还要考虑自己的兴趣和性格特点。

图 6-21 总结了准备面试时思考"我是谁"的整体框架。有了这个框架，在面试时面对诸如"如果我们不录用你，你将如何办""请谈谈未来 5 年的职业规划""如果我们将你安排在另外一个与你专业所学无关的岗位上去，你将如何办"等问题时，你一定能游刃有余地交出一份令面试官满意的答卷。

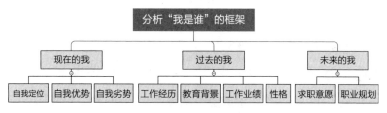

图 6-21 准备结构化面试时的框架

| 本章思维导图 |

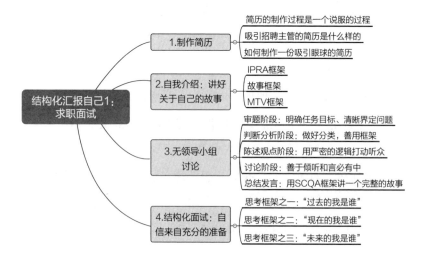

| 本章金句 |

- 简历的制作过程就是一个说服的过程。
- 数据化的展示是最有效的表达方式，是量化成果最有力的证据。
- 自我介绍就是推销自己的免费广告。
- 在群面中胜出的人一般具有以下特点：逻辑思维强、擅长观点融合、具有创新精神、对团队有一定贡献且善于团队合作。
- 在为结构化面试做准备时，应聘者所采用的框架就是认清楚"过去的我、现在的我和未来的我是谁"。

学习完后请总结你的三点收获。

1. _____

2. _____

3. _____

请制订你的三个行动计划。

1. _____

2. _____

3. _____

第 7 章
在竞聘演讲中精彩呈现自我：结构化汇报自己 2

- 沟通痛点：竞聘演讲时不知道如何准备发言稿，回答问题时不得要领
- 知识点：撰写演讲稿的框架和技巧，回答评委问题的策略

- 学习效果：将竞聘演讲作为展示自己价值的机会，通过在竞聘演讲中精彩呈现自我助力职场发展
- 应用场景：竞聘演讲

　　在职场上升期，为了获得晋升的机会，很多人往往需要备战竞聘演讲。竞聘者通过竞聘演讲向听众推销自我，以此得到听众的赞赏和认同，借此展示个人才华，表达个人意愿，谋求实现个人理想与抱负。掌握和运用好竞聘演讲的技能，在这个人生的关键时刻展现自己的风采，通过出色的表现争取更多人的支持和肯定，让评委了解自己、相信自己，不仅能获得受聘机会，还能提升自己在组织中的影响力，打造个人在组织中的品牌。在本章

中，我将通过小明的竞聘演讲经历告诉大家如何应用结构化汇报在竞聘演讲中精彩呈现自我。

情境案例

小明是如何备战竞聘演讲的

小明供职于某家大型国有商业银行的 A 市分行，该行每年年初都要举办处级干部的竞聘，其程序是报名——笔试——公开竞聘。其中，报名、笔试是为了资格审核，公开竞聘是主要的竞争环节，其分数占比达 60% 以上，因此可以说竞聘演讲是成功竞聘的重中之重。竞聘演讲的程序是个人演讲 10 分钟，然后随机从 15 道必答题中抽取一题回答，最后是评委提问。今年竞争非常激烈，空出的业务岗位只有一个支行的分管零售业务副行长的位置，在经过报名、笔试后，与小明一起竞争该岗位的还有6 人。

231

7.1 知己知彼，百战不殆：用 SWOT 框架认清形势

竞聘过程是评委进行比较和筛选的过程，竞聘者要尽可能地显示"人无我有""人有我强""人强我新"胜人一筹的优势，甚至化劣为优，只有这样才能脱颖而出。

为了分析清楚竞聘的局势，有针对性地做好竞聘备战，建议使用 SWOT（优势—劣势—机会—威胁）框架，分析与其他竞争者相比自身的优势和不足，并梳理这次竞聘演讲的机会和风险。

在前面的情境案例中，按照 SWOT 框架的要点，小明通过与竞争者进行比较，分析了自己的优劣势、所面临的机会和挑战，得出了以下结论（见图 7-1）。

优势（Strengths）：	劣势（Weaknesses）：
• 在分行职能部门人缘较好 • 具有较强的宏观意识和管理经验 • 有一定的工作业绩	• 缺乏基层业务操作经验 • 缺少基层管理的经验
机会（Opportunities）：	威胁（Threats）：
• 面试的领导大多数与小明熟悉 • 表现出众，在民意支持率上会取得优势 • 可能以见习或助理的方式下基层	• 在职级、基层工作经验上有所欠缺 • 提供竞聘岗位的支行本身有1个见习副行长、1个行长助理参加竞聘 • 小明的直属上司（唯一的博士）也参与竞聘

图 7-1　小明在竞聘演讲前的 SWOT 分析

7.2　准备竞聘演讲稿前的思考

1. 竞聘演讲的目的

竞聘者向听众展示自己的才华、品格、风度，证明自己是一个优秀的人选，博得听众的好感与赞许，最终争取到所应聘的职务和职位，是竞聘者的中心任务。参加竞聘时，竞聘者要有长远的目光，不能太过于看重个人一时的得失，太在乎这次竞聘的结果，竞聘成功当然更好，但是即使没有成功，也已经通过这次活动向领导和同事展示了自己的能力和才华，提升了个人影响力。

比如在小明的案例中，小明意识到竞聘成功与否并不完全是由竞聘演讲的效果决定的，还受很多其他因素的影响。因此，小明告诉自己，要有远见，参加竞聘演讲的主要目的是通过这个机会展现自己的工作成绩和工作能力，通过这个舞台告诉同事和领导自己所具备的能力、为公司创造的价值，通过诚恳和谦逊的态度获得大家的认同与信任。如果实现了以上沟通效果，那么演讲就成功了。至于是否获得这个岗位就不是那么重要了，即使没有获得晋升，也为自己未来在组织的发展奠定了良好的基础。

2. 受众分析

竞聘演讲是一个说服评委的过程，要想在竞聘中获得好的成绩，就要具备用户思维，做好受众分析，通过换位思考分析评委可能关注的点，然后有针对性地制定应对措施，做好演讲准备。

比如在前面的案例中，小明了解到竞聘评委主要有分行行长、人教处处长、该支行行长、零售业务部处长、部分支行行长等。他们是竞聘评分和提出问题的关键人物，小明分析他们对竞聘者的关注点主要有以下几个：

①竞聘者视角是否较广，问题是否能看得深；

②竞聘者思路是否清晰，管理能力是否强，过去的业绩如何；

③竞聘者的品格和潜在的能力；

④竞聘者在零售业务方面的经验和能力；

⑤竞聘者加入领导班子后的团结问题；

⑥竞聘者岗位适应能力和业务开拓创新能力。

3. 将自己的特质和岗位需求进行匹配

竞聘演讲是为了完成一道"人岗匹配"证明题。在有限的时间内,竞聘者千万不要啰唆地介绍自己现在的工作。为了向评委证明自己就是这个岗位的不二人选,竞聘者应该重点陈述的是个人和应聘岗位匹配的亮点和优势。具体的思路建议按照现在、过去、未来进行梳理。

(1)现在:自我评价。在这个部分,竞聘者不要着急给自己贴标签,不要一味地强调自己管理能力强,带了多少团队;或者业务能力多强,完成了多少指标的业绩等。因为要想证明人岗匹配,是要让评委相信竞聘者已经达到这个职级要求的能力标准,竞聘者的能力是符合这个岗位要求的。所以,自我评价不是贴标签,而是扣标准,要如何评价自己应该紧扣这个岗位所要求的能力标准来准备。如果公司对拟竞聘岗位有明确的标准,竞聘者就可以完全以这个能力标准来评价自己。即使没有,也要自己定义出来这个岗位对竞聘者的能力要求到底是什么。此时,如果竞聘者能够站在领导和组织的视角,甚至行业的视角来看问题,则有利于提高自己的认识高度,从而拉开与其他竞争者的差距。

(2)过去:工作重点。在这一部分,竞聘者要在经历和业绩中选择能证明"我满足竞聘岗位能力标准"的工作成果和重点产出进行阐述。凡是与竞聘岗位需求相关的学历、经历、能力及个性特征都要重点介绍,而且要言之有物,最好以曾经获得的殊荣、奖励或优良业绩加以证明,切忌用鉴定式的语言、大而空的套话来勾画自己。比如，要证明自己具备带团队的能力，就必须有相关经历："我曾经在 ×× 项目中担任项目经理，用 6 个月时间如期完成了项目任务还培养了团队中的 2 名实习生。"有了这样的证据，说服力就提升了。

另外，如果竞聘者还想把相关经历写得更加精彩，可以采用成长法和沉淀法进行说明。其中，成长法是描述自己从 A 状态成长到 B 状态的过程。比如，"年初，我能够独立完成 A 产品的设计方案；到了今年年底，我已经可以辅导新人完成 A 产品的设计方案。"将起点和终点情况进行对比，竞聘者的成长自然一目了然。

沉淀法则是为了反映竞聘者在成长过程中沉淀下来哪些经验。比如，"在辅导新人的过程中，我创作了这一类工作的流程手册，为项目组萃取了项目管理经验。"沉淀经验的展示也反映了你成长的过程。

（3）未来：行动计划。这部分想写出亮点，最好给出一个行动。在竞聘过程中，如果竞聘者认为工作中有特别重要但还存在不足的地方，就可以将其作为行动计划的主要内容。

竞聘者可以按照目标分析、问题定义、行动计划的步骤拿出一份扎实的行动计划，向评委展示自己竞聘这个岗位是经过深思熟虑的，并借此拉开自己和其他候选人的差距。

◎ 目标分析

竞聘者要分析竞聘岗位下一阶段的工作目标，以及要实现这个目标，须拆解出哪些工作模块。比如，你要竞聘公司销售经理一职，可以这么写：

销售部明年的核心目标是：在华中地区树立产品品牌，拓展公司产品在华中地区的市场份额。为了实现这个目标，我拆解出了 3 个方面的核心工作：调研华中地区市场和竞争对手情况；开拓华中地区的重点大客户；构建华中地区的全渠道营销体系。

◎ 问题定义

竞聘者要根据拆解好的工作方向，找到每项工作现状和目标的差距，然后分析可以优化的地方。还是以竞聘公司销售经理为例，你可以这么说：

经过分析，我发现目前开拓华中地区市场最大的障碍是因为我们的产品和竞争对手同质性太强，作为新进入者很难获得客户的认可……接下来，我认为要在营销和客户关系管理方面下功夫，这是我初步的方案……

这里需要注意的是，为了避免伤害原来的岗位负责人，在说明问题时，不要用"是的，但是"的说法，要用"是的，还有"的说法，即先肯定现状，然后提出自己进一步优化的想法。

比如在前面的例子中可以说：

在前任领导的带领下，华中地区市场的开拓工作已经取得了一定的成绩，目前市场占有率达到 2%。经过进一步分析可以发现，我们在营销和客户关系管理方面还可以继续优化……按照这个方案争取 1 年后市场份额达到 3% 的公司预定目标。

◎ **行动计划**

竞聘者定义问题之后，拿出有针对性的解决方案，争取使它成为自己演讲的出彩点和加分项。行动计划最好是针对一两个自己特别擅长的、熟悉的点，提出可操作性的建议。

比如：我在对华中地区公司现有营销体系进行分析的基础上，形成了一个初步的全渠道营销体系构建方案，方案附在竞聘材料的最后……

7.3 竞聘演讲中的结构化呈现

整体而言，一篇结构清晰、层次分明的竞聘演讲稿包括以下几个方面的内容（见图 7-2）。

237

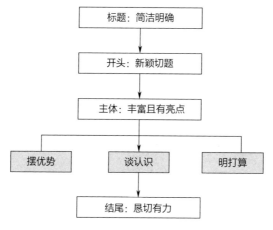

图 7-2　竞聘演讲稿的结构

1. 简洁明确的标题

常见标题的写法有两种，一种是公文式标题，一般由介词"关于"加所竞聘的职务名称及文种等要素组成。比如"关于竞聘销售总监一职的报告"，这种标题中规中矩，一目了然，最为常见，但是缺乏一定的创意。另一种是创意标题法，既可以采用单行标题的形式，也可以采用正副标题形式。比如"创新无止境，实践出真知——研发部高级经理的竞聘演讲"，这种标题的优点在于有特色，效果比较出彩，但是一定要紧扣主题，不能做"标题党"。

2. 新颖切题的开头

竞聘时有多个演讲者，要想拔得头筹就必须与众不同，按照首映定律，如果能够别具匠心地设计一个新颖别致的开头，一开始就能吸引和打动观众。所谓"善于始者，成功已半"，虽然开头也就是30秒到1分钟，合计200字左右的内容，但需要反复斟酌。

开头部分既需要新颖别致，也要开门见山，干脆利落，用简明扼要的语言讲清自己所竞聘的职务、竞聘者的基本情况和竞聘的缘由，尽快切入正题，把听众带进自己预设的报告情境中。

常见的开头方式有以下几种。

- 感谢式：用诚挚的心情表达谢意。
- 概述式：概括叙述自己应聘的岗位以及竞聘报告的主要内容。

- 简介式：简要介绍自己的经历、性格特征，让听众对自己有个初步的了解。

如果采用简介式开头，可以参考本书 6.2 节所提供的自我介绍模板。

3. 丰富且有亮点的主体

这部分是竞聘演讲的重点和核心，也是准备过程中的难点所在。在这个部分，竞聘者要充分有力地展示自己竞聘该职务的理由、优势、对应聘岗位的理解，如果应聘成功对未来工作的主要设想、目标和计划。竞聘者要通过这个部分有效地向听众证明自己是适合这个岗位的最佳人选。主体的基本要求是主旨突出、层次清晰、上承开头、下联结尾。具体而言，主体包括以下几方面的内容。

（1）陈述竞聘的主要理由与优势。在这一部分，竞聘者主要通过展示相关优势说明自己适应这个岗位需求的理由，即解决为什么应聘的问题。

在这个部分，什么该说、什么该重点说取决于应聘岗位的需要。竞聘者在选择素材时要牢记晋升需要的是最适合的人，而不是最优秀的人，因此这时不要求大而全地去证明自己有多么优秀，而是要基于匹配岗位的需求找出几个对应的自身优势来进行重点说明，突出和竞聘岗位相关的经历和业务能力，力求精要，切忌面面俱到。

在展示自己的优势时，竞聘者要多用事实说话，切忌夸夸其谈，可以结合自己前一时期的工作来介绍，如自己曾做过什么

239

相关的工作、效果如何，从中展露自己的水平、能力、知识和才华，不能报流水账，要善于归纳并用简洁的语言总结观点，再以事实和数据佐证。

为了证明自己具备岗位所需的某种能力，竞聘者可以重点结合某个项目经历进行说明，按照图7-3的框架组织内容。

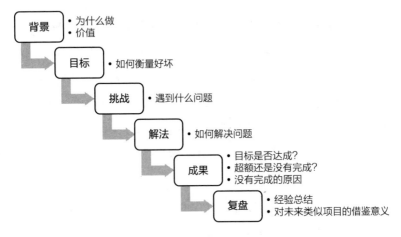

图7-3　陈述项目经历的框架

比如你应聘市场分析主管，为了证明自己具备较为敏锐的市场洞察力，可以向评委重点介绍自己从事的一个中小商户调研项目，按照框架说明自己参与这个项目的从业经历。

（2）对应聘岗位职责的认识。这一部分即竞聘者对竞聘工作提出自己独到的见解。竞聘前，竞聘者要充分了解招聘单位和应聘岗位的情况，只有明确岗位职责，才能有的放矢地提出该岗位的工作目标、工作计划和打算。

如前面提到的竞聘演讲案例中，小明在演讲过程中按照以下思路谈了自己对岗位职责的认识：第一，作为分管零售业务的支行副行长，强调自己担当副手的作用，协助主管行长制订零售业务拓展工作计划；第二，负责支行零售业务的日常经营管理及营销拓展工作；第三，负责支行零售信贷项目的贷前、贷中、贷后的各项管理工作；第四，负责支行零售队伍建设。

（3）表明自己任职后的打算。竞聘者谈应聘后的工作目标与措施是为了向评委展示自己胜任该岗位的证据，是获得评委信任和支持的重要前提。竞聘者结合岗位的实际需求，围绕评委关注的热点、难点，提出明确的工作目标和切实可行的措施，陈述的内容既要实在又要体现创新精神，力求达到客观性、可行性和先进性的统一，做到言出可行、语出必果、目标高低适度、措施科学适宜，以增强竞聘报告的感召力和聚合力。如果有明确的工作计划，能够让评委感觉到竞聘者的务实精神、办事能力，让他们相信竞聘者任职后能够胜任，从而更容易获得支持。

241

比如前面的案例中，小明就谈到了如果顺利履职，自己将如何从支持领导工作、开拓理财市场、强化个人贷款风险管理、优化零售队伍建设四个方面协助主管行长做好零售业务的管理工作。

4. 恳切有力的结尾

结尾是主体内容的自然延伸，好的结尾应简明扼要，自然贴切，画龙点睛，意尽即止，既要显示自己的决心和信心，也要表示一心为公，无论成败都将为组织持续做出贡献的诚恳态度，加深评委对竞聘者的良好印象。

常见的结尾方式有这样以下几种。

（1）表态度和决心。一般来讲，竞聘者要在结束演讲时用一句话表明如果获得该岗位后的抱负和决心。比如："如有幸获得本职位，我将竭尽所能，为单位的发展贡献自己的一份力量。"

（2）呼吁投票。结束时，竞聘者要表达自己对竞聘上岗的信心，恳请得到评委的认可和支持。比如："各位领导及同事，请大家助我一'笔'之力，投我一票吧，您给我一片树叶，我将还您一片森林！"

（3）表达感谢。竞聘者可以用致谢结束竞聘演讲。比如："今天天气这么冷大家还都来捧场，令我非常感动。无论我竞聘成功与否，我都要向各位领导、评委和在座的朋友表示深深的谢意！"

（4）用名言警句。竞聘者可以在结束时引用名言警句表决心和态度。比如："最后以一副对联来结束我的报告，上联是'成固可喜，宠辱不惊看花开花落'，下联是'败亦无悔，去留无意随云卷云舒'，横批是'与时俱进'。请各位领导和同事支持我！谢谢大家！"

结尾同开头一样，竞聘者要仔细打磨，根据评委的偏好和自己的人设，敢于创新，不拘一格，通过创造精彩、新颖、言已尽而意无穷的结尾，将竞聘演讲拉到一定的高度，在观众意犹未尽时戛然而止，争取给观众留下深刻的印象，获得好评。

在本章开头的案例中，小明按照以上步骤精心准备，将演讲稿的主要内容分成四个部分：第一部分简单介绍自己的任职经历；第二部分谈自己对岗位的理解；第三部分通过案例说明自己与岗位需求匹配的优势；第四部分谈自己的工作设想。在整个过程中，小明注意强调自己的优势和自身与岗位的匹配度，根据自己对评委的分析和对岗位的理解，还给自己确定了以下几个原则：

- 不要谈到位后的具体工作，而是强调自己作为副手的作用；
- 在回答问题时从内部和外部两方面回答；
- 评委提问可能更侧重于宏观层面，而不会涉及微观操作；
- 脱稿演讲会让评委感觉效果更好。

为了在回答问题时更有把握，在演讲中，小明卖了一个关子。在谈到自己对岗位的理解时，小明说"由于演讲时间所限，就不展开介绍了"。小明设想这样可以诱导评委在提问时去提这方面的问题。果然，在最后自由提问环节，有评委就提了这方面的问题，小明当然回答得井井有条。

看到这里，我想你已经猜到了竞聘演讲的结果。虽然小明最终没有竞聘成功，是小明的上司竞聘成功，但是小明的表现得到了很多在场领导和同事的称赞。过了一段时间，小明被派到另一家支行做挂职副行长。虽然小明没有竞聘成功，但是他出色的表现为他后面的职场发展助力不少。

243

|本章思维导图|

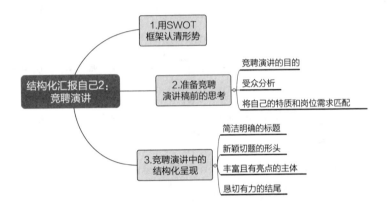

|本章金句|

- 竞聘演讲是为了完成一道"人岗匹配"证明题。

- 自我评价不是贴标签，而是扣标准。

- 晋升需要的是最适合的人，而不是最优秀的人。

学习完后请总结你的三点收获。

1. _____

2. _____

3. _____

请制订你的三个行动计划。

1. _____

2. _____

3. _____

03

第 3 篇

工具篇

第 8 章
如何用 AI[⊖]助力结构化汇报

本章将帮你解决以下问题：

- 如何通过提出好的问题让 AI 帮助你降低汇报的难度？
- 如何通过追问与 AI 持续对话，实现 AI 输出内容的迭代和优化，在获得高质量输出的同时提高工作效率？

从 2023 年开始，以 ChatGPT 为代表的人工智能工具开始被广泛应用于工作。GPT 作为一种先进的人工智能语言模型，凭借其庞大的规模以及强大的生成能力和理解能力，经过预训练和微调可以为人们提供有价值的建议和解决方案，因此众多的职场人士开始尝试将包括 GPT、文心一言等在内的 AI 工具应用于文本编辑、知识问答、创意设计、数据分析等多种场景。

"GPT 用得好，天天下班早"，善于使用 AI 工具，能够最大限度地提高工作效率、优化工作质量。而要充分驾驭 AI 工具，

⊖ 虽然人工智能（Artificial Intelligence，AI）包括 ChatGPT、文心一言等多种工具，但是为了便于阅读，如无特殊说明，本章所指的 AI 均为 ChatGPT。

关键在于通过好的提问对 GPT 进行预训练。你所提问题的质量决定了 GPT 的反馈质量。

既然使用 GPT 的门槛在于有效提问，要想将 GPT 培养成为你的得力助手，你必须理解与掌握与 GPT 交互的技巧，包括如何提问，如何安排问题之间的逻辑和顺序，如何根据答案进一步追问等。只有善于提问和追问，你才能让 GPT 全面、正确地了解你的需求，发挥其实用价值，使其真正成为你在工作中的得力助手。

8.1 有效提问：跨越高效使用 GPT 的门槛

1. 向 GPT 提问的公式

在向 GPT 提问时，问题一定要明确，GPT 并不擅长回答过于主观的问题，也不能回答依赖经验才可以解决的问题。为了让 GPT 正确理解你的问题，你可以赋予 GPT 角色。比如让它扮演你的助理或者某个领域的顶级专家等，然后向它提出具体的要求。

整体而言，向 GPT 提出高质量的问题需要考虑三个要素：界定问题 + 赋予角色（场景）+ 明确输出标准（见图 8-1）。

图 8-1　向 GPT 提问的三要素

（1）界定问题。在向 GPT 提问时，要用清晰、正确的关键词快速界定问题，切忌使用模糊不清或容易引起歧义的措辞，提问的质量决定了 GPT 回答的质量。

举例

错误示范：

提问：请问电影《长安三万里》好看吗？

回答：很抱歉，作为 AI 语言模型，我无法直接观看电影或给出个人的主观评价。《长安三万里》这部电影是根据海岩的同名小说改编的，主要讲述了主人公在大唐盛世时期的成长历程和奋斗故事。

电影的观赏体验是因人而异的，不同的人对电影的喜好和评价可能有所不同。如果您对历史背景、大唐文化或者该小说情节感兴趣，那么您可能会对这部电影产生较大兴趣。我建议您可以查阅一些电影评论和观众评价，了解更多关于这部电影的内容和反馈，以便判断是否符合您的观影兴趣和口味。

分析："电影是否好看"这是一个主观问题，答案肯定是因人而异的，所以询问这样的问题，GPT 无法给出令人满意的答案。

正确示范：

提问：请你站在专业电影评论家的立场分析一下为什么电影《乱世佳人》会如此受观众的喜爱，并且多次获得大奖？

回答：作为专业电影评论家，我们可以从以下几个方面来分析为什么电影《乱世佳人》会如此受观众的喜爱并多次获得大奖。

历史背景和文化影响:《乱世佳人》以美国南北战争和重建时期为背景,展现了这个重要历史时期的社会动荡和人民命运。观众通常对历史题材类电影有浓厚的兴趣,尤其是对于有着深刻社会意义的事件和背景,因为它们不仅是娱乐,还能增进对历史的了解。

优秀的制作价值:《乱世佳人》在其时代堪称一部大制作,拍摄和视觉效果都非常出色。导演维克多·弗莱明运用了各种技巧和表现手法,使得电影在技术和美学上都非常引人注目。对当时的观众来说,这是一次视觉盛宴。

演员的出色表演:克拉克·盖博和费雯·丽在电影中的表现都非常出色,尤其是费雯·丽饰演的斯嘉丽·奥哈拉,成了经典角色之一。观众通常会因为优秀演员的表演而对角色产生情感共鸣。

深刻的情节和角色塑造:《乱世佳人》的故事情节复杂而深刻,以斯嘉丽·奥哈拉为中心,展现了一个女性在动荡时期坚韧生存的故事。电影中的角色塑造非常立体,人物形象都有自己的性格和复杂性,使得观众能够对故事和角色产生深刻的感受。

情感共鸣:《乱世佳人》探讨了爱情、家庭、权力和亲情等主题,这些主题是普遍的人性关怀,观众在电影中能够找到情感上的共鸣,这是吸引观众的一个重要因素。

传承与影响:《乱世佳人》被誉为电影史上最伟大的作品之一,影响了后来的电影制作和文化表达。它的地位和影响力使得观众对它产生了特别的敬意和喜爱,也让它成为电影史上的经典之作。

综上所述，电影《乱世佳人》之所以受观众喜爱并多次获得大奖，是因为它在制作、演员表演、情节和主题等方面都表现出色，同时在影史上占据重要地位，成为一部深受观众喜爱的经典之作。

分析：与其问 GPT 涉及个人观点和感受的主观问题，不如直接描述客观现象，然后让 GPT 去分析现象背后的原因。

（2）赋予角色（场景）。通过设定角色（场景）可以清晰界定问题出现的背景和细节、前提和假设、问题涉及的领域和范围，这样做是为了给问题划定边界，让 GPT 更好地理解问题，从而有针对性地提供答案。

举例

你刚被提拔为项目经理，将带领一个 10 人团队执行一个计划要 6 个月完成的项目。作为一个年轻的新任领导，你不知道该如何在短时间内提升威信？

错误示范：

［提问］：请问新任领导该如何在短时间内提升威信？

［回答］：在新任领导希望在短时间内提升威信时，以下几个策略可能会有所帮助。

明确目标与愿景：新任领导应该明确自己的目标和愿景，并向团队传达清晰的方向；展现出对未来的远见和决心，让团队成员感受到领导的领导力和决策能力。

倾听与沟通：与团队成员建立良好的沟通渠道，倾听他们的意见和建议；尊重每个人的意见，展现开放、包容的领导风格，鼓励团队成员分享想法。

承担责任：作为领导者，要勇于承担责任，并对团队的绩效负责；积极解决问题，避免推卸责任，展现坚定和可靠的领导形象。

......

需要注意的是，威信的建立是一个持续的过程，不可能在短时间内立竿见影。成功的领导需要耐心、坚持和不断改进自己的领导方式；同时，要敏锐地感知团队的需求和动态，灵活地调整自己的领导策略，以实现更好的领导效果。

分析：由于提问时没有给出具体的场景，导致 GPT 给出的答案比较宽泛，可操作性有限。

正确示范：

253

［提问］：我是一名刚被提拔为项目经理的职场年轻人，将带领一个 10 人团队执行一个计划要 6 个月完成的项目，请你作为资深的项目经理告诉我在这种情况下该如何在短时间内提升威信？

［回答］：作为刚被提拔为项目经理的职场年轻人，在短时间内提升威信并赢得团队成员的尊重，以下几个关键点可能会对你有所帮助。

展现领导能力和决心：在项目启动初期，明确项目的目标和愿景，向团队展现你的领导能力和决心，让他们相信你有能力引导团队达成目标。

了解团队成员：尽快了解团队成员的优势、技能、经验和个性特点；与团队成员建立良好的关系，倾听他们的需求和意见，让团队成员感受到你对他们的重视。

设定明确的角色和职责：确保每个团队成员都清楚自己在项目中的角色和职责；合理分配任务，充分发挥每个人的潜力，让团队成员感受到你对他们的信任和肯定。

有效沟通和协调：在整个项目执行过程中，保持与团队成员的有效沟通；定期召开会议，了解项目进展，及时解决问题，协调各个环节，确保项目按计划推进。

解决问题和挑战：当项目遇到问题和挑战时，勇于承担责任并主动解决；展现坚定的决策力和冷静应对问题的能力，赢得团队成员的信任。

激励与奖励：激励团队成员充分投入项目工作，通过赞扬、奖励和认可表现出色的成员，激发团队成员的积极性和凝聚力。

学习和成长：作为职场年轻人，不断学习和成长是提升威信的关键；关注行业动态，提升专业知识和项目管理技能，展现你对职业发展的热情和进取心。

与上司保持沟通：与上司保持及时、透明的沟通，报告项目进展和问题，寻求支持和指导，展现你能够独当一面的能力。

最重要的是要做一个团队的领导者，而不仅仅是一个管理者。倾听团队的声音，尊重团队成员的贡献，鼓励团队合作和共享，带领大家一起共同完成项目。切记，项目经理的威信是通过长期稳定的领导表现和团队合作建立起来的，需要耐心和坚持。

分析：提问时明确说明场景并给 GPT 赋予角色以后，你可以看到 GPT 给出的建议更有针对性，更符合年轻的项目经理的实际情况。

（3）明确输出标准。根据自己的写作需要，明确告诉 GPT 需要输出作品的结构、语气、字数、条目数和形式等，让 GPT 充分发挥"小助手"的功能，生成的文档更能匹配你的需求。此外，还可以说明必须出现哪些词或者哪些词语不能出现等。比如，你想写一篇减肥经验分享的博文，为了避免读者产生反感，要求 GPT 必须避免使用"丑""肥"等贬义词。

举 例

你在一家生物医药公司工作，要为公司最近举行的一场新产品发布会撰写一则新闻稿，想请 GPT 帮助你。

错误示范：

［提问］：我在一家生物医药公司工作，请帮我为公司最近举行的一场新产品发布会撰写一则新闻稿。

正确示范：

［提问］：我在一家生物医药公司工作，公司于 2023 年 6 月 30 日举行了一场新产品发布会，这次主打的新产品信息是……，请帮我撰写一则新闻稿，要求包括：①吸引人的标题；②概括性的导语；③详细描述发布会过程、产品特点等；④结语，字数在 400 字左右，要求适合发布在公司的官方网站和自媒体上。

限于篇幅，在这里没有附上 GPT 给出的答案，读者可自行补充细节信息然后使用 GPT 进行对比，体会两种提问方式下 GPT 输出文本质量的差异，理解在向 GPT 发出指令时明确输出标准的重要性。

2. 向 GPT 追问的过程

寻求 GPT 的帮助是一个循序渐进的过程，你不仅要善于提问，还要能循循善诱，根据自己的需求一步一步追问，注重问题之间的关联性和逻辑联系。这样你才有可能和 GPT 之间进行一场有深度、有意义的对话，让 GPT 帮助你解决问题，提供所需的结果。

在整个对话过程中，你需要做以下三件事情。

（1）向 GPT 提供材料进行引导。让 GPT 回答问题时，你可以给它先提供一些相关材料，引导它通过学习和比较给出与提供材料相似的答案。

举例

你是一个创业者，针对健身爱好者推出了一个线上私教的新产品，想请 GPT 给这个产品设计一个既能体现产品特点又利于传播的广告语，可以先找到一些相关产品的广告语，然后让 GPT 按照这个水准帮助你设计广告语。

[提问]：我是一个创业者，针对健身爱好者推出了一个线上私教的新产品，想请你给这个产品设计一个既能体现产品特点又利于传播的广告语，请参考现在我给你的这 9 个广告语帮我设计你认为合适的五个广告语。

1. 生活可以慢节奏，身体拒绝慢节奏！

2. 想同时拥有健康和美丽的身材，可来我们这里塑造。

3. 运动让身体更健康。

4. 身体是财富（生命）的本钱，身体是爱的港湾。

5. 每天健身一小时，换你一生与家人相伴。

6. 爱生命，爱生活，从健身开始！

7. 打造完美身材，给此刻的自己一个最好的交代。

8. 完美的身材，你可以拥有。

9. 美丽的你，健身是你的不二之选。

［回答］：针对您推出的线上私教产品，我为您设计了五个能够体现产品特点又利于传播的广告语：

"塑造身体，创造未来！"

这个广告语强调了健身对于塑造身体的积极影响，同时将健身与未来成功联系在一起，传达出健身对于个人成长和发展的重要性。

"健身，拥抱更好的自己！"

257

这个广告语突出了健身对于个人成长和自我提升的意义，表达了通过健身可以让自己变得更好，更自信的信息。

"健身激发活力，活出精彩人生！"

这个广告语强调健身带来的活力和积极影响，表达了健身对于让生活变得更加精彩和充实的意义。

"健身，打造无限可能！"

这个广告语表现了健身对于个人潜力和能力的释放，让人们相信通过健身可以拥有更多无限可能。

"私教定制，成就非凡！"

这个广告语突出了产品的特点——私教定制服务，让用户在健身过程中可以得到专业的个性化指导，从而实现非凡的健身成就。

这些广告语旨在凸显健身产品的独特价值和个性化服务，同时鼓励用户积极参与健身，创造更健康、自信和美好的未来。希望这些广告语能够对您的产品宣传和推广有所帮助！

分析：如果不先输入可供参考的广告语，直接让 GPT 设计广告语，你会发现 GPT 给出的答案风格迥异，而输入了参考模板后，GPT 给的广告语风格比较相似。

（2）对答案中不够明确的地方进行进一步追问。

举例

你是一名刚入学的经济类专业研究生，你想向 GPT 了解该如何提高自己的论文写作能力。

［提问］：我是一名刚入学的经济类专业研究生，请你扮演我的导师告诉我该如何提高我的论文写作能力。

［回答］：作为你的导师，我很高兴能够帮助你提高论文写作能力。以下是一些建议，希望对你有所帮助。

阅读优秀的论文：首先，多阅读与你研究领域相关的优秀论文。这将帮助你熟悉学术写作的规范和风格，并学习其他作者的表达方式和论证逻辑。

制订合理的写作计划：在开始写作之前，制订一个合理的写作计划；明确论文的主题和研究问题，分阶段完成各个部分的写作，确保进度合理，避免临时抱佛脚。

进行充分的研究：在写论文之前，要进行充分的研究和调研，收集相关文献和数据。只有深入了解研究领域的现状和前沿，才能做出有价值的贡献。

逻辑清晰，结构合理：论文写作需要逻辑清晰，结构合理。确保每个段落和章节之间有明确的衔接，整个论文的结构和脉络一目了然。

精确表达：尽量使用准确、简洁的表达方式；避免使用过于复杂或模糊的词语，让读者能够清晰地理解你的观点和论证。

注重引用和文献管理：在论文中准确引用相关的文献是非常重要的，这不仅体现了学术诚信，还能为你的观点提供有力的支持；同时，使用文献管理工具（如 EndNote、Zotero 等）管理你的引用文献，避免出现引用混乱的情况。

反复修改和润色：写作是一个反复修改和润色的过程。完成初稿后，你要多次审查和修改，确保论文内容准确无误，语言通顺流畅。

寻求同行评审：在写作过程中，你可以寻求同行或导师的评审意见。他们的反馈和建议可以帮助你发现问题并改进论文。

不断学习和提升：论文写作是一个持续学习和提升的过程。不断培养学术写作的技巧，积累经验，提高论文质量。

最重要的是保持耐心和恒心，毕业论文是一个挑战性的任务，但通过不断努力和学习，你一定能够提高论文写作能力，并取得优秀的成绩。祝你在研究生阶段取得成功！如果你有任何具体问题或需要更多指导，随时都可以向我咨询。

［追问］：看到 GPT 给出的建议后，如果你对答案中的知识点不是太理解，可以继续提问。比如，如果你不了解文献管理工具 EndNote，可以继续提问：请你继续扮演我的导师，你所提到

259

的文献管理工具 EndNote 我从来没有接触过，如果我想进一步了解如何使用这个工具，请你给我一些建议，好吗？

[回答]：当然，我很乐意给你一些建议，帮助你了解如何使用文献管理工具 EndNote。EndNote 是一款非常强大的文献管理软件，可以帮助你整理、存储、引用和生成文献目录。以下是一些建议。

下载和安装：你可以从 EndNote 官方网站或其他可靠的渠道下载 EndNote 软件。安装过程一般相对简单，按照提示进行即可。

学习基本操作：安装好 EndNote 后，可以先学习一些基本操作。了解如何添加文献条目、创建文献库、导入文献信息等基本功能，这将为后续的使用打下基础。

导入文献：EndNote 支持从各种数据库和在线资源导入文献信息。你可以学习如何从学术数据库、图书馆目录等地方导入文献信息，以便将相关文献整理到 EndNote 中。

组织文献库：将导入的文献条目按照不同的分类进行组织，如按研究主题、作者、出版年份等。这样可以使你的文献库更加清晰和易于查找。

学习引用功能：EndNote 最大的优势之一是可以在写作过程中轻松插入引用和生成文献目录。了解如何使用 EndNote 插件在 Microsoft Word 中进行引用，以及如何生成各种引用风格的文献目录。

备份和同步：由于文献库中的文献信息对你的研究非常重要，建议你定期备份 EndNote 文献库，以免数据丢失。此外，如果你同时在多台设备上使用 EndNote，可以学习如何进行文献库的同步, 确保数据的一致性。

探索高级功能: EndNote 还有许多高级功能, 如进行全文搜索、创建标签、查找重复文献等。探索这些高级功能, 你可以进一步提高使用效率和整理文献的质量。

查阅教程和资料: EndNote 有很多官方和非官方的教程、视频和使用指南可供学习。你可以查阅这些资料, 深入了解 EndNote 的使用技巧。

最重要的是, 不要急于一时掌握所有功能, 逐步学习和使用 EndNote, 结合自己的需求和实际情况, 发挥 EndNote 在文献管理中的优势。如果你遇到具体问题或需要更多帮助, 请随时向我咨询, 我会尽力帮助你。祝你在使用 EndNote 时取得顺利进展!

(3) 根据答案进一步细化问题, 提出哪些因素必须在答案中。根据 GPT 的回答, 你可以将答案中某个你特别关注的问题作为指定因素进一步提问, 要求 GPT 在后面的分析中必须重点关注这个指定因素。

举例

你想研究人口老龄化的问题, 但是不知道从哪个视角研究更合适, 于是你向 GPT 寻求帮助。

[提问]: 请你作为资深的人口学专家告诉我人口老龄化是由什么引起的?

[回答]: 作为资深的人口学专家, 我很高兴为您解答人口老龄化是由什么引起的。

人口老龄化是指人口中老年人口比例增加的现象, 通常是指

60 岁及以上的人口占总人口比重的增加。人口老龄化是由多种因素引起的，其中主要原因如下。

生育率下降：在许多国家，随着社会经济发展和教育水平的提高，家庭规模缩小，人们更多地选择晚婚、晚育或不生育，导致生育率下降。低生育率使得年轻人口数量减少，而老年人口占比增加。

医疗水平提升：随着医疗水平的提高和医疗技术的进步，人们的健康状况得到改善，预防和治疗手段进步，导致老人的生存率和寿命延长，使得老年人口数量增加。

人口结构变化：经济发展和社会进步会改变人口结构，特别是年龄结构。大规模的人口迁移、城市化进程和教育水平提高，会影响不同年龄段人口的分布，使得老年人口比例上升。

社会福利和养老制度：政府实施的社会福利和养老制度，为老人提供更好的医疗、养老等保障，促使老年人口增加。

经济发展：经济发展通常伴随着社会保障体系的完善、医疗条件的改善和人均收入的提高，这些因素都对老年人口的数量和比例产生影响。

人口老龄化是一个全球性的趋势，各国都面临老龄化社会带来的挑战。老龄化对社会、经济、医疗、养老等方面都带来了影响，需要政府和社会共同努力制定政策和措施，应对老龄化带来的各种问题。

［追问］：看到以上回答以后，假如你对医疗水平的提升这个因素更感兴趣，你可以追问：那么作为资深的人口学专家，请你主要从医疗水平提升这个视角来分析人口老龄化的成因好吗？

[回答]：当从医疗水平提升的角度来分析人口老龄化的成因时，医疗水平的提升在老龄化过程中起到了至关重要的作用。以下是医疗水平提升对人口老龄化的影响。

延长寿命：随着医疗水平的提高，医疗技术不断进步，治疗手段更加先进，老人的健康状况得到改善。许多慢性疾病得到有效控制，老人的寿命得以延长，促使老年人口数量增加。

改善生活质量：医疗水平提升不仅延长了老人的寿命，还提高了老人的生活质量。现代医疗技术可以有效治疗许多疾病，减轻老人的痛苦和不适，使他们在晚年能够过上更健康、幸福的生活。

降低死亡率：高质量的医疗服务使得老人在面临疾病和健康问题时得到及时、有效的治疗，从而降低了老人的死亡率。这使得老年人口得以继续增加，导致人口老龄化。

预防和健康管理：医疗水平提升也促进了健康教育和预防保健措施的推广。老人更多地了解保持健康的方法和重要性，积极采取健康管理措施，从而有助于延缓老人的健康衰退。

医疗资源需求增加：随着老年人口数量的增加，对医疗资源的需求也相应增加。这对医疗系统和社会养老保障体系提出了更大的挑战，需要适应老龄化的需求。

社会医疗支出增加：随着人口老龄化，社会医疗支出也会随之增加。政府和社会需要投入更多资源用于老人的医疗保健和养老服务。

综上所述，医疗水平的提升对人口老龄化有着深远的影响。它不仅延长了老人的寿命，改善了生活质量，还对医疗资源需求和社会医疗支出提出了新的挑战。因此，应对人口老龄化需要全面考虑医疗服务和医疗资源的问题，并制定相应的政策和措施。

分析：当你指定了医疗水平提升这个因素后，GPT 再生成回复时，就聚焦于从这个视角去分析人口老龄化的成因了，所以通过指定某个因素对 GPT 进行追问，可以帮助你缩小问题范围，通过不断聚焦找到你所需要的答案。

8.2 书面汇报：如何用 GPT 提升逻辑表达水平

在第 4 章中我们分析过在书面汇报工作时，一定要做到清晰明了地展示工作成果，让领导一看就能了解你最近的工作进展和存在的问题。如果你善于使用 GPT 来辅助撰写工作汇报，那么你会发现你的逻辑表达水平在短时间之内突飞猛进。

1. 对话思路

在撰写书面汇报时寻求 GPT 的帮助，你可以输入工作记录让 GPT 按照指定的模板改写，也可以输入简单的工作日程，让 GPT 按照你给的框架扩写。GPT 此时扮演的角色是你的工作助理，帮你快速梳理工作、组织语言，提升撰写工作汇报的效率（见图 8-2）。

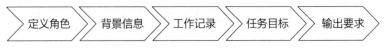

定义角色 > 背景信息 > 工作记录 > 任务目标 > 输出要求

图 8-2　写书面汇报与 GPT 的对话思路

（1）定义角色。比如，如果是让 GPT 写日报，你可以把 GPT 定义成自己的日报助手，负责帮你把日报改写得有结构、有逻辑。

（2）说明背景信息。在这里，你需要说明自己的职务和工作职责。比如：我是一名产品经理，负责电商订单系统的更新与维护，每天的重点工作是挖掘新功能和保证系统稳定性。

（3）输入工作记录。输入的工作记录包括工作日程的安排、项目的信息、工作具体内容等，一般都是随手记录的一些工作日程，类似于流水账，作为原始素材开始可能是杂乱无章的，需要 GPT 按照你给的标准去整理。

（4）明确任务目标。如果仅告诉 GPT 要逻辑清晰，这个要求是不够明确的，应更加具体一些。比如，"请把我的日报拆成四个项目，分别是已完成事项、未完成事项及原因、需要的帮助以及待办事项"，也可以直接要求 GPT 按照"金字塔原理"输出工作汇报的内容。

265

（5）告知输出要求。输出要求包括字数、输出格式、语言风格等。

2. 应用举例

情境：

你是某银行的对公客户经理，每天需要对接银行的几个大客户公司，维持客户关系，还要拜访新的目标客户。此时，你可以输入每天的行程和关键词，让 GPT 作为你的助理，负责撰写每天的工作日报。

提问：

我是 ×× 商业银行的对公客户经理，我的工作职责包括实现金融产品的销售、与重点客户进行商务谈判、开发新的客户渠道。这是我的工作日程（输入工作日程），请帮我扩写成一篇工作日报，包含金融产品销售、重点客户进度、新客户拓展三大模块，工作日报以清单体呈现，不少于 300 字。

限于篇幅，这里不再反馈 GPT 提供的答案，读者可以结合这个提问思路根据自己的需求尝试向 GPT 提问，体会 GPT 在提升工作汇报效率和质量方面可以提供的强大助力。

3. 更多指令参考

（1）生成工作总结。

我在 ×× 公司担任 ×× 职务，本月以来工作情况是 ××（输入本月工作方面的基本信息），现在请你担任我的助理帮我生成一份 600 字的本月工作总结，包括完成的任务、遇到的问题和解决方案三个部分。

（2）整理项目总结。

现在请你担任 ×× 公司负责 ×× 项目的项目经理，你需要写一篇项目复盘报告，我将发给你项目过程中的工作记录，请你按照"项目目标 – 项目达成结果 – 项目亮点 – 可改进的地方"的结构生成项目总结报告。

（3）优化工作汇报。

现在请你担任一名日报助手，我会给你一篇日报，请你根据对运营经理的业绩评判要求对日报进行优化，日报内容是（附上日报内容）。

8.3 会议汇报：如何用 GPT 节约备稿时间

在会议上汇报工作，你需要先撰写一个发言稿，如果善于寻求 GPT 的帮助，你就可以在节约大量备稿时间的前提下拿出让听众满意的发言稿。

1. 对话思路

在与 GPT 的对话过程中，你需要交代清楚以下内容（见图 8-3）。

| 交代背景 | 确定框架 | 任务目标 | 反馈迭代 |

图 8-3　写会议发言稿与 GPT 的对话思路

267

（1）交代背景。让 GPT 了解这次会议汇报的背景信息，如主题、发言人、听众、汇报时间等。

（2）确定框架。提供会议汇报的框架，比如本书前面所提到的 SCQA 框架、PREP 框架、STAR 框架等，让 GPT 按照指定的框架撰写发言稿。

（3）任务目标。告诉 GPT 要完成一份什么样的会议发言稿，包括发言的目的、发言的重点、发言稿的字数要求以及语言风格等。

（4）反馈迭代。GPT 生成发言稿后，你可以结合自己的需要继续向 GPT 提出具体的修改指令，进一步提高发言稿的质量。

2. 应用举例

情境：

你是项目经理，你所负责的 A 项目已经完成，要在会议上就 A 项目的整个执行过程做一个总结，听众包括你所在技术部的主要负责人和其他项目经理，汇报时间 5 分钟。

提问：

我是 ×× 公司技术部的项目经理，我要在会议上就我主持并刚完成的 A 项目做一个总结汇报，听众包括技术部的主要负责人和其他项目经理，汇报时间 5 分钟。这是 A 项目的基本情况（输入 A 项目的信息），请你按照 STAR 框架帮我写一个汇报发言，字数 1000 字以内，要求重点突出、语言简洁、逻辑清晰。

限于篇幅这里没有展示 GPT 的回答，读者可以参考这个思路结合工作实际尝试使用 GPT 解决类似问题。

值得一提的是，如果你认为 GPT 生成的内容针对性还不够，还应结合实际情况自行修改发言稿，以确保内容符合听众的需求。切记，GPT 生成的稿件只能作为参考，一定要在稿件基础上再优化，尤其涉及一些情感方面的表达时，这并非 GPT 擅长的，需要自己再修改和完善。

3. 更多指令参考

（1）调整发言稿语气。

请优化发言稿，让语气显得更加有亲和力和感染力。

（2）提供范文参考。

请参考这个会议发言稿的语言风格修改我的发言稿。

8.4 撰写简历：
如何用 GPT 做优化大师

本书在 6.1 节已经分析过，简历是获得面试机会的敲门砖，制作简历就是一个说服的过程，需要向用人单位论证凭什么你就是适合这个岗位的不二人选，建议你遵循人岗匹配的原则，借助 GPT 优化你的简历，让你的简历在众多简历中脱颖而出，获得用人单位的青睐。

1. 对话思路

你需要借助 GPT 按照以下思路优化你的简历（见图 8-4）。

图 8-4　优化简历时与 GPT 的对话思路

（1）赋予身份。你需要给 GPT 赋予某类岗位资深面试官的身份，如顶级产品经理面试官的身份，这样可以引导 GPT 在回答问题时更加专业和有针对性。

（2）输入简历。你要输入需要优化的简历，同时介绍自己的身份。比如，"我是一名有 3 年新媒体运营经验的自媒体人"。

（3）岗位需求。你要输入需要应聘岗位的招聘广告，以便于

GPT 确定修改的标准和方向。

（4）任务目标。你要明确说明需要简历在哪些方面进行改进，如优化工作经历的描述、根据招聘广告的要求突出自己的工作经验等，要求的提出可以结合自己的优势和岗位的需求来选择。

（5）反馈迭代。你可以根据 GPT 的反馈进一步追问，对不满意的地方让 GPT 继续优化。这时你不一定让 GPT 修改全部内容，可以把不满意的部分输入，然后向 GPT 说明你的修改要求。比如：请按照 STAR 框架把这段工作经历的内容进行修改（输入需要修改的工作经历）。

2. 应用举例

情境：

你在某互联网公司担任产品经理一职已有 3 年，现在想应聘另一家公司的高级产品经理一职，需要优化简历。

提问：

你是一名资深的产品经理面试官，我是一名在 ×× 互联网公司工作了 3 年的产品经理，现在想应聘 ×× 公司高级产品经理的职位。这是岗位要求（附上岗位要求），我的简历草稿如下（附上简历），请根据岗位需求帮我优化简历，需要重点突出我的项目经验和产品设计能力。

限于篇幅，本书没有附上 GPT 反馈的信息，读者可以参照这个例子结合自己的情况尝试与 GPT 对话。

3. 更多指令参考

（1）增加简历的量化表达。

请帮我在工作经历中增加一些量化表达，让简历更加具体、更有说服力。

（2）突出专业技能。

我在××领域具有××年的工作经验，擅长技能××、技能××和技能××，请帮我在简历中突出这些技能。

（3）优化工作经历描述。

在××组织担任××职位期间，我完成了××（主要业绩的描述），请结合岗位需求帮我优化这段简历的描述。

（4）撰写自我介绍。

请根据我的背景和求职目标，撰写一段200字的自我介绍，要求能够吸引面试官。

（5）撰写求职信。

请依据我的个人情况和应聘岗位的需求帮我撰写一封吸引人的求职信，字数为300~400字。

（6）评价简历。

你是一位简历评审员，以下是我的简历，请围绕内容、结构、语言和排版等方面提供一些优化建议。

8.5 准备面试：如何用 GPT 模拟面试

接到面试通知后，建议你让 GPT 模拟面试官向你提问，并根据你回答问题的情况进行整体评价，给出建议；或者你提出问题询问 GPT 的回答建议，通过对话你会发现身边多了一个资深的面试导师。

1. 对话思路

在准备面试过程中，建议你按照图 8-5 的思路与 GPT 对话，进行模拟面试，让 GPT 指导你更好地应对面试官可能会问到的问题。

272

图 8-5　准备面试时与 GPT 的对话思路

（1）背景描述。在这一部分，你要说明面试的公司、岗位名称和岗位的要求与职责，让 GPT 提出的问题更加集中，更加符合公司的情况，与岗位需求匹配。

（2）赋予身份。在这一部分，你要让 GPT 站在资深面试官的角度提出问题。

（3）生成题目。在这一部分，你要确定需要输出的题目类型和个数。面试题类型大致包括技术问题、行为问题和案例问题。其中：

- 专业技术问题考查应聘者的技术能力和熟练程度。比如招聘软件开发工程师，可能会问算法、数据库设计等方面的问题。
- 行为问题重在考查应聘者个人素质、工作态度和解决问题的能力。比如针对管理岗，考查应聘者领导力、沟通能力等方面的问题。
- 案例题考查应聘者实际工作经验和解决问题的能力。比如，针对产品经理岗位，设计案例题可以很好地衡量应聘者的设计能力、用户洞察能力。

（4）回答评判。在这一部分，你要向 GPT 输入你针对某个问题的回答，然后让 GPT 评判这个答案质量的高低，并给出优化建议。如果你对这些问题不知所措，可以让 GPT 直接给你回答的建议。

273

2. 应用举例

情境：

你在 A 公司担任产品经理已有 3 年，现在接到了另外一家公司的面试通知，你准备和 GPT 对话，让它帮助你准备好面试。

提问：

我是一名有 3 年工作经验的产品经理，马上要参加 ×× 公司产品经理岗位的面试，该岗位需求是 ××（注明岗位需求），你现在是这个岗位的面试官，对产品经理的职责和要求非常熟悉，现在请你向我提出面试产品经理候选人时常问的 5 个案例类问题。

限于篇幅，不再罗列 GPT 回答的结果，读者可以结合自己的需求参考这个提问方式向 GPT 发问，然后逐一回答 GPT 所提的问题，并让 GPT 给出优化建议，在这个不断追问和反馈的过程中做好充分的面试准备。

3. 更多指令参考

（1）了解行业。

我要面试的公司属于 ×× 行业，现在你是这个行业的资深分析师，请给我提供该行业最新发展趋势和市场动态的信息，以便于我在面试时表现出对该行业的了解。

（2）了解公司。

请告诉我 ×× 公司的核心业务、企业文化、组织架构、业务范围和最近的发展情况，以便于我在面试时展现对该公司的了解。

（3）优化问题答案。

针对 ×× 公司的 ×× 岗位，在面试中针对下面这个问题（具体的问题）我的回答是这样的（具体的回答），请你站在资深面试官的角度告诉我还可以如何优化答案。

（4）预测可能的追问。

你是一名专业的面试官，请针对这个问题（具体的问题），提出 × 个常见的追问问题。

（5）互换角色让 GPT 回答问题。

我是 ×× 公司 ×× 岗位的专业面试官，我将给你提问题，请你从一名顶级专家的角度回答这些专业问题。下面是第一个问题（具体的问题）。

（6）结束面试时提问。

我将面试 ×× 公司的 ×× 岗位，请给我提供 3 个在面试结束时可以向面试官提的问题。

8.6 竞聘演讲：如何用 GPT 强化效果

竞聘演讲是个人展示才华、表达个人意愿、提升自己在组织中的影响力、打造个人品牌的最佳机会，在准备竞聘演讲稿的过程中，寻求 GPT 的帮助，可以让你的演讲更加精彩、更有说服力，给观众留下更加深刻的印象。

1. 对话思路

准备竞聘演讲时与 GPT 的对话思路，如图 8-6 所示。

交代背景　　说明需求　　生成初稿　　反馈迭代

图 8-6　准备竞聘演讲时与 GPT 的对话思路

（1）交代背景。在这一部分，你要说明竞聘的具体情况，包括竞聘岗位、岗位需求、自己目前的职务和工作表现、竞聘的竞争情况等，让 GPT 在回答你的问题时先对你的处境有所了解，这样它提供的帮助会更有针对性。

（2）说明需求。在这一部分，你要说明你的竞聘演讲稿包括哪些内容、具体的结构、想突出的亮点、演讲稿的文字风格、字数要求等。

（3）生成初稿。在这一部分，你要阅读 GPT 生成的初稿，标注需要改进的地方，再继续提问。

（4）反馈迭代。在这一部分，你要针对初稿中不满意的地方，继续通过提问的方式让 GPT 进行修改。比如，你认为初稿与你的个人情况还不够贴切，可以输入更为详细的个人情况，让 GPT 根据这些信息写一份更能突出你特点的演讲稿。又如，你对语言风格还不满意，可以输入模板，让 GPT 结合模板的特点优化语言风格。总之，这个过程就是以优化演讲稿为目的，通过与 GPT 的持续对话打磨演讲稿。

2. 应用举例

情境：

你在某个大型的互联网企业从事 App 的研发工作已经有 3 年了，现在想竞聘研发部的项目经理，这个岗位的要求包括：①本科以上学历，3 年以上互联网运营团队管理经验；②有较强的市场感知能力，有敏锐地把握市场动态、市场方向的能力；③较强的观察力、应变能力和组织协调能力，优秀的人际交往和协调能力；④高度的工作热情，良好的团队合作精神。你准备找 GPT 寻求帮助准备好一个竞聘演讲，时间为 5 分钟。

提问：

我在 ×× 互联网公司从事 App 的研发工作已经有 3 年了，

现在想竞聘研发部的项目经理，我的工作情况是 ××（输入工作情况），这个岗位的需求是（输入岗位需求），现在请你作为一名演讲高手帮我写一份竞聘演讲稿，要求能够根据岗位需求有针对性地体现我的优点和特点，稿件的结构为个人情况介绍、对应聘岗位职责的认识、任职后的打算，内容上要做到主旨突出、层次清晰，字数为 1000 字。

限于篇幅，不再罗列 GPT 回答的结果，读者可以结合自己的需求参考这个提问方式向 GPT 发问，让 GPT 帮你准备一份合适的竞聘演讲稿。

3. 更多指令参考

（1）确定演讲稿的大纲。

我准备竞聘公司的市场部经理一职，我所在公司的情况是 ××（输入公司简介），我在公司的工作情况是 ××（输入在公司任职的情况，如现任职务、工作时间、工作经历和业绩等），请你提供一个竞聘演讲的大纲。

（2）设计精彩的标题。

这是我的竞聘演讲稿，请帮我设计 5 个标题，要求生动、吸引人且能够准确反映演讲稿的内容。

（3）优化开场白。

这是我的演讲稿，我对这个演讲稿的开场白不太满意，请帮我重新写个开场白，要求用一个巧妙的提问引起观众注意，并能够导入演讲的主题。

（4）设计结尾。

这是我的竞聘演讲稿，请帮我设计一个简洁有力、能够充分表现我的决心和愿望的结尾，给听众留下深刻的印象。

| 本章思维导图 |

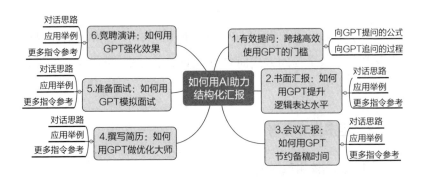

278

学习完后请总结你的三点收获。

1. _____

2. _____

3. _____

请制订你的三个行动计划。

1. _____

2. _____

3. _____

附录

本书配套音视频课程介绍

1. 视频课程　学会结构化表达，轻松搞定职场沟通

适用人群：

希望在短时间内通过结构化表达提升职场沟通能力、增强职场说服力和影响力的职场人士。

主要内容：

聚焦用结构化表达解决职场沟通中的痛点和难点这一主题，介绍结构化表达的基本理念、要求，讲授如何在汇报工作、跨部门沟通、与客户沟通和书面沟通等商务情境中应用结构化表达破解沟通难题。

课程大纲：

模块	节标题
模块 1：结构化表达的基本原理	1. 结构化表达让你在职场沟通中想得清楚、说得明白
	2. 要想学会结构化表达，你需要知道这 4 个原则

（续）

模块	节标题
模块2： 向上沟通	3. 工作汇报：如何让领导听得下去、听得懂
	4. 会议汇报：如何用强大的逻辑征服你的听众
	5. 即兴汇报：如何在被临场被点名后快速组织精彩发言
	6. 竞聘演讲：如何在最短的时间内展现自己、打动评委
	7. 提建议／要资源：如何说领导才会听得进去你的意见
模块3： 平行沟通	8. 跨部门协作：如何跨越无形的"部门墙"
	9. 求助同事：如何开口别人会心甘情愿地提供帮助
模块4： 客户沟通	10. 初访客户：如何让客户对你的业务感兴趣
	11. 说服客户：如何具有用户思维快速达成交易
	12. 商务谈判：如何博弈才有可能实现双赢
模块5： 书面沟通	13. 微信沟通：如何掌控分寸感、塑造职业化形象
	14. 制作PPT：如何用可视化强化沟通效果，让别人看得懂、记得住
	15. 工作方案：如何简单清晰的表达观点
	16. 工作总结：如何写才能让领导看到你的价值

收看地址
请扫描左侧二维码

2. 音频课程 21 天学会结构化表达，轻松提升职场说服力

适用人群：

希望在短时间内通过结构化表达提升职场沟通能力、增强职场说服力和影响力的职场人士。

主要内容：

聚焦用结构化表达解决职场沟通中的痛点和难点这一主题，介绍结构化表达的基本理念、要求，讲授如何在汇报工作、与客户沟通、演讲、商务文书写作等商务活动中应用结构化表达破解沟通难题。

课程大纲：

模块	节标题
模块 1：结构化表达的魅力	1. 为什么想说的话总是说不清楚？结构化表达帮你直击要点
	2. 掌握结构化表达很难吗？其实你只需要知道 4 个原则
模块 2：用结构化表达破解工作汇报难题	3. 汇报工作，为什么上司总是不耐烦？从结论开始，让上司放心
	4. 汇报工作，为什么上司不明白你在说什么？聚焦才能让上司专注
	5. 工作汇报那么多信息，该从哪里开始说起？用两个框架让汇报更有条理
	6. 总被上司批评"逻辑混乱"，到底什么是逻辑？用"讲三点"体现强大的逻辑
模块 3：用结构化表达破解客户沟通难题	7. 为什么客户对你总是爱搭不理？用利益陈述让客户感兴趣
	8. 客户为什么很难被打动？具有用户思维才能把话说到客户心坎上
	9. 客户为什么总是说 NO？用换位思考寻找突破点

（续）

模块	节标题
	10. 面对潜在新客户如何破冰？用表达框架提高成交率
	11. 客户为什么总是不信任你？用顾问式销售提高可信度
模块 4： 用结构化 表达破解演 讲难题	12. 明明有好的想法，却总是表达不出来？你需要用演讲结构来"包装"观点
	13. 自以为演讲内容很精彩，观众却不感兴趣？演讲要用"演"的，不能只用"讲"的
	14. 没有任何准备的情况下被主持人邀请讲话，怎么办？"即兴演讲"框架让你言必有中
模块 5： 用结构化 表达破解讲 故事难题	15. 为什么一到你演讲听众就昏昏欲睡？发挥故事的"兴奋剂"效应
	16. 同样的故事为什么你讲就变得索然无味？用好"1+5"让故事精彩呈现
	17. 怎样设计一个有趣的故事？学习编剧的套路
模块 6： 用结构化 表达破解写 作难题	18. 辛苦两周写的文档，10 秒钟就被领导打回来？善于始者，成功已半，开个好头很重要
	19. 要下笔了，面对一大堆素材却不知道如何取舍？思路决定出路
	20. 工作总结就是记流水账吗？写一份体现自身价值的总结

收听地址
请扫描左侧二维码

参 考 文 献

［1］芭芭拉.金字塔原理［M］.汪洱，高愉，译.海口：南海出版社，2013.

［2］李忠秋.结构思考力［M］.北京：电子工业出版社，2022.

［3］李忠秋.结构表达力［M］.北京：电子工业出版社，2023.

［4］李忠秋，刘晨，张玮.结构化写作［M］.北京：人民邮电出版社，2017.

［5］邓世超.结构演讲力［M］.北京：电子工业出版社，2022.

［6］刘颖丹.讲好故事得人心［M］.北京：电子工业出版社，2022.

［7］踢米尼.四步说服法：高效演讲、谈判、销售、沟通的秘诀［M］.北京：
中国法制出版社，2022.

［8］任康磊.如何汇报工作：高效传达信息，全面展现成果［M］.北京：人
民邮电出版社，2022.

［9］许荣哲.故事课（全二册）［M］.北京：北京联合出版有限公司，2018.

［10］蒋巍巍.向上管理的艺术：如何正确汇报工作［M］.北京：人民邮电
出版社，2018.

［11］周国元.麦肯锡结构化战略思维：如何想清楚、说明白、做到位［M］.
北京：人民邮电出版社，2021.

［12］郭力.金字塔表达力：用麦肯锡方法提升写作力和演讲力［M］.北京：
人民邮电出版社，2022.

［13］张巍.逻辑表达：高效沟通的金字塔思维［M］.杭州：浙江大学出版
社，2020.

［14］脱不花.沟通的方法［M］.北京：新星出版社，2021.

［15］高杉尚伊.麦肯锡教我的逻辑思维［M］.北京：中国友谊出版公司，
2016.

［16］任康磊.如何高效向GPT提问［M］.北京：人民邮电出版社，2023.

［17］秋叶，刘进新，贾凝墨，等.秒懂AI写作［M］.北京：人民邮电出版
社，2023.